年轻父母家教学
引着孩子走一程

NIAN QING FU MU JIA JIAO XUE YIN ZHE HAI ZI ZOU YI CHENG

薛伯钧◎著

◉一个孩子优秀，是一个家庭的幸福
◉千万个孩子优秀，是中华民族的幸福

新华出版社

图书在版编目(CIP)数据

年轻父母家教学：引着孩子走一程 / 薛伯钧著. --北京：新华出版社，2017.6

ISBN 978-7-5166-3299-4

Ⅰ.①年… Ⅱ.①薛… Ⅲ.①家庭教育 Ⅳ.①G78

中国版本图书馆 CIP 数据核字(2017)第 140954 号

年轻父母家教学：引着孩子走一程

著　　者：薛伯钧

责任编辑：蒋小云　　　　　　　　　封面设计：力宝工作室
责任印制：李玉富　　　　　　　　　责任校对：张立云

出版发行：新华出版社
地　　址：北京石景山区京原路 8 号　　邮　　编：100040
网　　址：http://www.xinhuapub.com　　http://press.xinhuanet.com
经　　销：新华书店
购书热线：010-63077122　　　　　中国新闻书店购书热线：010-63072012

照　　排：力宝工作室
印　　刷：湖南鑫成印刷有限公司
成品尺寸：172mm×240mm
印　　张：18　　　　　　　　　　字　　数：116 千字
版　　次：2017 年 6 月第一版　　　印　　次：2020 年 7 月第二次印刷
书　　号：ISBN 978-7-5166-3299-4
定　　价：39.00 元

创设沟通渠道
引领幸福人生

为『引着孩子走一程』题

柳斌

◎原国家教委副主任(副部长)、国家总督学、中国教育
国际交流协会会长柳斌同志题词

序言

石灯明

家庭教育、学校教育、社会教育，是人生实施素质教育的三条主渠道，可谓素质教育"三分天下"。

家庭是孩子的第一课堂，父母是孩子的第一任老师，家庭教育的好坏，直接关系到孩子的终身发展和千家万户的切身利益，关系到国家和民族的未来，可谓是"头等大事"。

习近平总书记在 2015 年的春节团拜会上，语重心长地强调："不论时代发生多大变化，不论生活格局发生多大变化，我们都要重视家庭建设，注重家庭、注重家教、注重家风。"紧接着教育部又印发了《关于加强家庭教育工作的指导意见》，明确了家庭教育"政府主导、部门协作、家长参与、学校组织、社会支持"的工作格局,这样,使家庭教育迈向了一个全新的高度。

家庭、家教、家风建设的坚实基础与核心价值是子女教育问题。一个孩子优秀,是一个家庭的幸福;千万个孩子优秀,是中华民族的幸福。学风、民风、世风,多起于家风。谁忽视家庭教育,或者想用学校教育替代家庭教育,要达到培育优秀儿女的目的,那是一种空想。当代的家长,如果丢了家庭教育,忘了以德育人,科学育人,若干年后,可能在子女身上,欠下一笔隐形难偿的"父母债"……

教育孩子是父母的"天职",既是一门艺术,更是一门科学。有人说,这是教育科研领域里一项低起点的高科技开发。这些年来,广大的年轻父母,为培育优秀儿女付出了不少心血,也积累了一些成功经验,但不少人期望值过高,要求过急,把"望子成龙""望女成凤"弄成了"逼子成龙""压女成凤",时而发出这样的感叹:天下第一难是做人,做人第一难是教子。面对现实,如何遵循教育规律,让孩子从现今沉重的学习负担、作业负担、考试负担、精神负担下解放出来,"还孩子童年的快乐世界",这是现代家庭教育、学校教育、社会教育值得共同研讨的一个重大课题。

全国教育系统劳动模范、原湖南省督学、知名教育专家薛伯钧先生历时数年撰写的这本"家教书",得到了教育部领导和社会各界的认可,引起了广大读者的关注。现通过反复听取意见,精心修改充实,更加富有新意、富有特色。这是他长期以来致力于教育科学研究特别是家庭教育研究取得的又一可贵成果,值得很好珍惜与推广。

这本家教书,我认为有三个特点:一是面对年轻父母,这是对象上的一个特点。全国幼儿园、中小学在校生约有2亿多人,他们的爸爸妈妈是个庞大的、新生的教育群体,迫切要求探讨培育优秀儿女的新理念、新经验、新方法;二是对孩子的健康成长,抓住一个"引"字,这是内容上的一个特点。由"扶着孩子走的'封闭型'""牵着孩子走的'保护型'"到"引着孩子走的'开放型'",这是理性上的一个提升,是当今全面实施素质教育、发展儿童个性、培育创造型人才,实现人生美好梦想的一个重大突破;三是长文短作,以短取胜,这是文风上的一个特点。一篇一个新观点、一个小故事或一个经典范例,平平实实,读起来很有滋味,忍不得一口气读完。

教育成功,只有规律,没有定律。千万个孩子生长在千万个不同的家庭,有千万种不同的教法、学法、活法,任何一本家教书、家教学,都留有很大的发展和研究空间,让一切有心的人、有为的人去实践、去思考、去开发、去创新,去找到一份份圆满的"答卷",这是大地的呼声,历史的重托,人类的梦想……

欣然命笔,是为序。

2017 年 1 月

(石灯明系湖南省教育科学研究院院长、湖南省教育科学规划领导小组办公室主任,湖南省学校史志研究会会长)

目 录
C O N T E N T S

第二章　把握孩子自我发展的广阔空间

第三章　保护孩子"异想天开"的好奇心态

第四章　创造孩子宽松和谐的学习生活环境

第五章 排除孩子心理压力的人为因素

第六章　打开孩子走向大自然的绿色通道

第七章　塑造孩子行为文明的良好形象

第八章　借鉴中外名人教育孩子的成功经验

附

·第一章·

研究孩子好学上进的自然规律

孩子是一个鲜活的生命

"孩子是一个鲜活的生命",这是年轻父母值得研究的一个大课题。

要想在教育孩子中取得良好的效果,一定要懂得教育的基本特征是具有"双向性"。即一方面大人在谆谆教育孩子,另一方面是孩子也常常在启发教育大人。

"要做孩子的先生,先做孩子的学生",这种告诫永远不会过时。因此,家长切不要误把自己仅认作是"手工操作"的园丁,孩子是幼苗,任你剪,任你修;孩子也不像有人说的那样,是一片白纸,任你描,任你画。"孩子是一个鲜活的生命"。既然是一个生命,你就要爱惜他,研究他,而且要尊重他。尊重不是敬重,是对人格的尊重,是平等的教育观,是双向交流的思想基础。

家长没有理由把自己完全凌驾于孩子之上,仗着自己辈儿大、个子大、拳头大,就可以大声呵斥,大发雷霆,大施棍棒,那样,只能带来孩子的痛苦,带来孩子的不理解,带来孩子越来越大的反抗心理。

成功的教育,应该把握"双向交流"的技巧。尽管教育者与被教育者的确有某一方面是高明一些,但也不能违背"双向交流"这一教育的基本原则。

家庭教育和整个教育一样,都是传播真理、传授知识、弘扬科学的活动。在真理、知识、科学面前是人人平等的。那种规定孩子只能听、不能说，只能照办，不能申辩的做法，是违背教育规律的。面对当今的孩子信息那么灵通、知识面那么广阔、心地那么纯真、梦想那么奇特、未来那么美好，作为年轻父母，应该时刻提醒自己，这个时代，真是进入成年人要勇于与孩子一同学习的时代了。

"大风可以吹散无数的落叶，却吹不散一只小小的蝴蝶"，这就是生命的力量。

让鲜活的生命活得生龙活虎，这是孩子的愿望，家长的风度，时代的要求，历史的重托。

"扶"着孩子走,"牵"着孩子走
不如"引"着孩子走

"扶"着孩子走,"牵"着孩子走,不如"引"着孩子走,这是最近一次年轻父母家教座谈会上引发的"热门"话题。

大家认为,幼儿教育和中小学教育阶段,是人生成长最基础、最关键的时期。这个时期的家庭教育选择什么样的内容与方法,并与学校教育、社会教育紧密配合,实现"引着孩子走一程"的神圣职责与美好愿望,这是一项伟大的事业。

随着知识经济时代的到来,人类文明程度的提高与科学技术的发展,对人的自主性、竞争性、创造性要求越来越高。身为孩子第一任老师的年轻父母,如何从"扶着孩子走"的封闭型、"牵着孩子走"的保护型中解脱出来,大胆探索"引着孩子走"这种开放型的新思路、新方法、新对策,这是当今正在兴起的家长学校与家庭教育值得研讨的一个重大新课题,也是中小学家长一项明智的科学选择。

我国幼儿园、中小学学生约2亿多人,孩子的年轻父母,是一个庞大的、新生的教育群体。

广大的年轻父母,为培育优秀儿女付出了不少心血,也积累了一些成功的经验,但不少人期望值过高,要求过急,以至把"望子成龙""望女成凤"弄成了"逼子成龙""压女成凤",时而发出这样的感叹:

"天下第一难是做人，做人第一难是教子！"

　　教育孩子，是一门科学，又是一门艺术。从某种意义上讲，这是教育科研领域里一项低层次的高科技开发。教育成功，只有规律，没有定律。千万个孩子生长在千万个不同的家庭，有千万种不同的教法、学法、活法，最好的家教师、家教书、家教学，也都只有起点，没有终点，都还留有很大的研究空间、发展空间，让一切有心的人、有为的人，特别是当代年轻父母去占领、去实践、去开发，去取得一份份最完美的"答卷"，这对全面推行素质教育，造就新世纪创新型人才，实现中华民族伟大复兴的中国梦，推动人类文明进步将产生巨大的影响。

可怜天下"儿女心"

可怜天下"儿女心",这是刚上初中的一个孩子写的一篇作文的题目。文中写道:父母宁肯失去自己的一切来保护我,这一点我知道,也理解。但父母为什么不理解我呢?有人"可怜天下父母心",但又有谁能"可怜天下儿女心"呢?

她在作文里接连举了好几个新近发生的事例:

在学习的间隙,听听歌曲磁带,妈妈就说,"有空多听听英语多好!"要是找出一本课外书来读,妈妈就说,"还是看看作文选吧。"临近考初中时,我要代表班级参加歌咏比赛,好高兴,回家便打开录音机练歌。妈妈生气地把录音机给关上了,要我写作业,作业写完了就要练作文,作文练完了要读语文,背课文,并说:"快考中学了,自己还不知着急?"妈妈,我好委屈啊,我知道这是爱,但这种爱却太让我难受了。

我过生日,爸爸妈妈为我精心准备,可爸爸妈妈过生日,为什么不给我一个表达的机会呢?每当我要为他们做点什么的时候,他们总是说,只要你好好学习,什么都代表了。

爸爸想我成为一名能说会写的记者,妈妈则希望我成为一名多才多艺的作曲家,而我自己却想当一名人民教师。在这种环境下成长,能不可怜吗?

他家的四个孩子
为什么五年内连续考上重点大学

有份权威报纸，报道了一位老师"教子有方"的先进事迹。他家的四个孩子，在五年内连续考上了重点大学，不少家长上门走访。他说，我想了又想，实无妙法，只不过做了几点家长应该做的事情：

一、保证孩子的睡眠时间，使其头脑清醒。学习是一种脑力劳动，如果经常睡眠不足，精神会萎靡不振，降低学习效率。睡眠足，则能保持头脑清醒。我家的孩子上幼儿园、上小学，严格要求睡九至十小时，上中学睡八至九小时，如果偶然少了，第二天就要设法补上，我们把缺一小时睡眠和缺一堂课同样看待，缺了就要补上。侵占睡眠时间，搞加班加点的疲劳战，不仅对学习无益，反而有害。

二、让孩子坚持锻炼身体，使其精力充沛。青少年争胜心很强，在学习上不甘落后，常常会出现不注意身体"苦用功"的情况。做家长的不仅要注意让孩子睡足，还要注意让其玩好。为此要尽可能给孩子们准备一些适合家庭活动用的简易器材。我家有篮球、排球、乒乓球、羽毛球、跳绳，早起或晚上，我们和孩子们一起跑步、做操。让孩子们坚持锻炼身体，不仅可以提高大脑皮层的分析、综合和思维能力，从而提高学习效果；还可以增强体质，使精力充沛。通过体育活动还能培养孩子坚毅、顽强、勇于克服困难，树立"学习必胜"的信心和决心,知难而进。

三、辅助以课外读物,使其学习多样。孩子在家,往往把学校老师布置的家庭作业完成之后,对课本因有常见学厌之感,不愿再看它。我们备了一些适合青少年特点的孩子们喜读爱看的课外读物。我家订有《中国青年报》《中国少年报》《少年文艺》《接班人》《知识窗》等十多种报刊,还有连环画小书近百本。孩子们饭前饭后,节日假日随时翻阅。这种"翻阅"并不费很多时间和精力,可是好处很大。它可以激发学习兴趣,扩大知识领域,培养读书看报的良好习惯。天长日久,它可把知识积滴水而成河。科学知识是相互联系、相互启发、相互促进的,这和人吃饭一样,主食当然重要,但副食绝不可少,副食不仅可以调剂饭味激发食欲,更为重要的它可以促进人体对主食营养的吸收,充分发挥主食营养价值的作用。学生学习课本固然是十分重要的,但阅读适当的课外读物,可以温习、巩固、启发、促进课本的学习,提高学习效果。

四、多鼓励,不打骂,使其心情愉快。攀登科学高峰不是轻而易举的事情,孩子在学习中遇难遇惑不得解,考试得分不及格,是不足为怪的平常事。每遇到此种事,对孩子本人来说,都是一次苦恼。做家长的对孩子发生这样的事,千万不能一见就火冒三丈,训斥、埋怨、挖苦、讽刺接踵而来,甚至采用张口骂、动手打等简单粗暴的做法。这样会给孩子造成一种"学习痛苦"的沉重包袱,压得愁眉苦脸,精神不振,对学习丧失信心,失去兴趣。我家对孩子从未因学习不好而发脾气、打骂。见到孩子在学习或生活上做好事,便及时适当表扬、鼓励(不要过头,防止骄傲)。对不如意的事,采取正面教育,如一时学习失利,考分不高,就用"失败是成功之母"的格言鼓起孩子败了再战,争取下次胜利的信心与勇气。

家庭教育是孩子健康成长
真正的"起跑线"

家庭是孩子的第一所学校。

父母是孩子的第一任教师。

孩子是家庭中第一本难得读懂的"新书"。

以上这三个"一",足以说明孩子身心健康成长真正的起跑线不在幼儿园、不在小学、中学,更不在某种"特长班""补习班",而在"家庭教育"。

当代著名的教育家、中国教育学会副会长朱永新教授 2014 年 11 月 30 日,在 17 届海峡两岸家庭教育学术研讨会上有一段精彩的讲话,激发了与会者强烈的反响。他说:人生是从家庭开始的,家庭是人生最重要的场所。人的一生实际上是生活在四个地方,第一个地方在母亲的子宫里,通过母亲的身体去感受外部的世界。人生第二个重要场所是家庭。离开母亲的子宫,来到这个

世界,就进入了家庭。这个时候和外部世界的交流实际上是依托父亲母亲和家庭成员来进行的。因为这个时候,尤其是人生的早期,他还不能独立地生活,他更要依托家庭。这个时候的父母亲对孩子的成长就具有非常关键的作用。他带给孩子什么,往往就决定孩子成为什么。

第三个场所是教室。说校园还大了一点,因为上学以后进入学校,就进入了教室。过去在很多教科书里,没有把教室作为一个很重要的社会学现象来进行观察。实际上,孩子在教室里生活幸福不幸福,有没有良好的师生关系和同学关系,对他的成长非常关键。

第四个场所是职场。离开学校以后开始工作,在哪个单位工作,那个单位的工作氛围、人际关系、管理模式,对他会产生非常深刻的影响。

这四个场所中最长久、最重要的还是家庭,因为家庭在四个阶段一直存在,这四个阶段与家庭都有非常密切的关系。所以,家庭对人生来说是一个非常重要的场所。人生从家庭出发,最后还要回到家庭,所以家庭是一个非常值得关注的问题。但我们对它的研究还非常不够……

朱教授这番话,虽没有直接提到"起跑线"这个关键词,却把"起跑线"的内涵、本意说透了。试想,一个家庭,如果对孩子的家庭教育存在缺失,那么,未来日子的"输"与"赢",就显而易见了。

2015年10月31日,在一次家庭教育国际论坛上,中外教育专家,围绕"教育始于家庭"这个主题,展开了深入研讨,专家们以最新的研究成果,一致达成了"家庭教育才是真正的人生起跑线的共识"。

把握孩子智力发展的"黄金期"

智力，又称智慧或智能，对其定义，目前学术界尚未有完全一致的定论，但多数认为，智力是指人在认识过程中表现出来的能力，主要包括注意力、观察力、记忆力、想象力和思维能力，其中思维能力是核心。

幼年、童年、少年期间，是人的智力发展的"黄金期"。这个阶段孩子的模仿天性、智力开发、语言发展、行为习惯的养成都表现出惊人的速度。这个时期孩子的主要时间是在家庭、幼儿园、小学、中学度过的，且重点是父母身边，特别是在母亲身边。因此，家庭教育、幼儿教育、中小学教育在儿童的智力、能力、思想、品德、行为习惯的形成与发展方面具有重要的地位，这是孩子身心健康发展的"黄金期"。这种"黄金期"，人生只有一次，一次错过了，就再没有补救的机会。革命前辈曾谆谆教导我们："有些事是可以等待的，但是，少年儿童的培养教育是不可以等待的。"

"人生百年，立于幼学"。年轻父母，一定要把握好这个"黄金期"，千方百计，抓好孩子的家庭早期教育，并让孩子上好幼儿园、学前班，上好中小学，接受好义务教育，这些都叫"基础教育"。基础教育是"重中之重"。这个时期，家长与学校的配合至关重要，那种所谓"家庭养人、学校育人、社会用人"的三分离法，违背了素质教育自身发展的客观规律，到了非改不可的时候了。

给孩子的成长建份"历史档案"

在当今社会中，家长们都时刻关注着孩子的成长，但绝大多数年轻父母在关注孩子成长的同时，却忽视了或没想到对孩子成长过程中的"史料"进行收集、整理和记录。为了使孩子成人后能全面地了解自己的过去，就很有必要给孩子建份"历史档案"。孩子的"历史档案"，大致可分为三个方面的内容：

一、照相簿。包括满月照、百日照、生日照、节日照、有趣的和有意义的生活照以及家庭成员、同学、朋友和老师等的合影。每张照片都要注明时间、地点和合影人的姓名。这些照片可以生动地反映孩子的成长，这对孩子的一生是很有意义的。

二、成长记录册。包括孩子出生后各年龄阶段的身体变化、语言变化、健康状况和生活中一些有典型意义的、惊险的、有趣的、聪明的、错误的举动，以及对孩子有影响的人和事。建这种档案，要像写日记一样，持之以恒地进行记录，它是孩子成长过程的真实写照。

三、学习档案。包括从幼儿园到中学毕业时的学习情况，各学期就读的学校、班级、班主任老师及科任教师、同学；考试成绩、名次、评语；参加各种有意义的活动及比赛取得的成绩；受过的奖励和处分；学习特长及爱好；小创造、小发明等，都要有一个系统的记载。对所获得的奖状、奖品、证书、学生手册、书籍、作业本、考卷、相册、日记、信件、作品、别人赠送的文明礼品等,都要按时按类地妥善整理和保存。这份学习档案,浸透了父母和老师们的心血。

当孩子考入大学或参加工作以及结婚成家时,父母就可以把这份"历史档案"当做一份珍贵的礼物送给孩子。这份礼物中的一些珍贵的"史料",将会给孩子一生带来美好的回忆,有助于孩子理解和珍惜父母对他(她)的爱和关心。这份"历史档案"将成为孩子与父母感情交流的纽带,使他(她)想到自己应尽的人生责任。故此,给孩子建份"历史档案"具有一种特殊而深远的意义。

培养孩子胸怀天下的开放意识

当今世界的经济、政治、科技、文化的相互交流越来越呈现出整体化趋势，我国正在大踏步走向世界，孩子们将来无论从事什么职业，都要在国际市场的激烈竞争中求生存、求发展。为此，从小培养孩子面向全球的开放意识，为他们打开通往世界的"窗口"，这是家长与教师应承担的一项共同的历史责任。

一、拓宽孩子的知识领域。教孩子了解世界各大洲人民有代表性的肤色、相貌、语言；认识世界地图、地球仪；了解世界各地最著名的名胜古迹，特殊的风俗习惯，现代化建筑和秀丽风光；了解周边国家，知道他们的国旗、首都、版图和位置等。

二、扩大孩子的艺术视野。鼓励孩子广泛接触中国的、外国的，东方的、西方的，古典的、现代的音乐、歌舞、绘画、雕塑、工艺、建筑等丰富多彩、千姿百态的文化艺术，以培养孩子吸收世界优秀文化营养的兴趣与能力。

三、帮助孩子了解当代高、新技术的成就。教孩子认识古今中外杰出的科学家、发明家、艺术家、文学家以及世界著名的英杰人物；了解人类认识与利用自然创造的丰功伟绩；培养阅读科技读物、观看科技电影、参观科技展览、走访科技名人等方面的爱好与兴趣。

四、培养孩子关心我国与世界各民族的友好往来。认识各国首脑相互访问的重大意义,知道中国加入世界组织的好处,鼓励孩子同在国外的亲友建立通讯联系。

五、引导孩子关心经济与国内外市场。如美国小学开设了"全球教育课",其中有个课题是《巧克力来自何方》,告诉孩子们:可可粉产自加纳;花生来自苏丹;谷类、糖浆是美国衣阿华州的;椰子糖从菲律宾、厄瓜多尔运来;用的锡箔为泰国制造;包装纸是加拿大产品;运送货物的卡车购自日本……这一讲,"世界是相互依存的实体"的观念就扎下了根。

六、跟踪国际各项比赛活动。如体育、艺术、电影、球类比赛以及中小学生的数理化、计算机、绘画、书法、工艺制作、小发明比赛等,认识球星、歌星、著名选手和他们的国事,以及文化、风土和人情,在饶有趣味中长知识、学创造、长才干。

七、教育孩子关心周围自然环境,保护生态平衡。培养他们从全球整体利益出发,具有着眼于全人类未来发展的战略眼光,立下科技攻关的宏伟志向。

八、教孩子进行中国跟外国的比较。"比一比","想一想"。比经济、政治,也比文化、科技和历史;比自然、风光和气候、环境,也比教育、道德、民风民俗与民族精神等等。从比较中找差距、学先进、辨美丑、明是非,从中激发民族自尊心、自信心,增强责任感、紧迫感。

选准孩子发展的"最佳点"

先人有言:"天生我材必有用。"从某种意义上说,世上没有"废人",关键在于如何看准其最佳点,充分发挥最佳点的优势。相传有个"西邻五子"的故事,十分耐人寻味。西邻家有五个儿子:一个质朴老实,一个聪明机灵,还有三个分别是瞎子、驼背、跛脚的残疾人,这一家真是够惨的。按常理,他们的日子一定不好过。然而,西邻因人制宜,扬长避短,让质朴的务农,机灵的经商,眼瞎的按摩,背驼的搓绳,脚跛的纺线,全家安居乐业,丰衣足食,日子过得挺红火。

一个家庭扬长避短就能充分发挥潜力,使之兴旺发达。一个人也如此,人的智力才能的发展也总是不平衡的,每个人的智能都有其弱势和优势,假如能充分发挥其优势,就能取得最佳成绩。

德国著名的物理化学家奥斯瓦尔德读中学时, 他父母为他选择了一条文学的道路,不料老师在他的成绩单上写的评语是:"他很用功,但过分拘泥,此类人即使有着很完美的品德,也绝不可能在文学上发挥出来。"对照孩子拘谨老实的性格,父母又给他选择,改学油画,然而他既不善于构思,又不会润色,对艺术的理解力也很差,成绩在班上是倒数第一。学校的评语变得简短而严厉:"你是绘画艺术方面的不可造就之才。"面对这评语,父母并不灰心丧气,他们到学校去,主动征求学校意见。学校领导十分重视,专门召开了一次由校长主持的教务会议。会上，不少老师说该生笨拙，但班主任说到他做事认真，化学老师接着说他做事一丝不苟，这对于做好化学实验是十分必要的品格，建议他改学化学。他父母接受了这一建议。这下，奥斯瓦尔德智慧的火花一下子被点燃了，自此一发而不可收，这位文学与绘画艺术的"不可造就之才"变成了公认的化学方面的天才。后来，他由于在电化学、化学平衡条件和化学反应速度等方面的卓越成就，获得1909年诺贝尔化学奖，成了举世闻名的科学家。

"万丈高楼平地起"，父母是孩子的第一位教师，对孩子的成长，选准其智能最佳点这一优势起着至关重要的作用，这就像找到了蕴藏丰富的油田，钻机越钻越深，石油就喷射而出。反之，如果选择的是薄弱点，那就如在没有油层的地方打油井一样，哪有不失败的呢？

如何培养孩子向往未来的心理

一、"梦想"越大,大脑就会开发得越好。先人有言:"不想当元帅的士兵不是好士兵。"很多孩子梦想将来成为一名"球星",或者想当一名"演员""大科学家",美国的孩子提出要当"总统"……对于孩子们的这种梦想家长绝不要轻易否定。

我们应该知道,如果不注意培养孩子的梦想和向往未来的心理,就培养不出真正爱学习的孩子来。虽然孩子们的"梦想"是非现实的,但他们雄心大、追求高,可以无限发展。正是因为有了这些美好的向往和雄心大志,才能激励着孩子好学上进,进而变成不断攀登、勇往直前的动力。

二、社会使命感越强烈,越更加奋发有为。有位学者,小时候受伤住医院,医生的精心治疗使他很感动,立志长大当一名医生,帮助病人解除痛苦。以后他就朝这个方向努力,强烈的使命感促使他在工作中不惜用自己的身体试验病原。可以说正是在这种"社会使命感"的感召下,才萌发出强烈的学习责任感与钻研的巨大力量。

三、追求的目标越高,成功的希望就越大。湖南长沙有个教育集团,叫"诺贝尔摇篮教育集团",《中国教育报》以一所"神奇"的功夫学校为题,连续进行了大版大块的报道,"奇迹"蜚名中外。老师们都说,之所以取名叫"诺贝尔摇篮",就是许下宏愿,立下大志,通过教育,培养一批批诺贝尔奖获得者。

四、有国外工作、生活的机会，就要有培养孩子成为"国际人"的心愿。有位外事专家，夫妇俩曾在印度尼西亚工作期间，带了两个孩子去，一个是小学五年级的学生，一个是五岁左右。他们随父母一起来雅加达只有三年，兄弟俩不但有口流利的印尼话，而且还交上了一些印尼小朋友，兄弟俩的经历使人联想到孩子的父亲从事国际性的工作，充分利用这个绝好的机会，让孩子在国外多交朋友，多学习外国语言，掌握外国文化，以便归国后，播下培育"国际人"的种子。

五、孩子的爱好越广泛，他实现理想的动力就越强大。"爱好"是推动进步的一种原动力。有所初级中学，十年送走了 30 名少年大学生，被家长誉为"少年大学生的摇篮"。2016 年，一次就选进了 4 个入了大学少年班。这四个孩子的爱好都在学校留有精彩的故事。一个乐于研究数理难题，一旦破了难题，就高兴得跳起来，还喜欢动手制作机器人，被称为"机器人小博士"；一个凡事喜欢追根溯源，"打破沙罐问到底"，他的外号，叫"十万个为什么？"一个喜欢阅读各种课外书籍，他常说自己最大的梦想是效法古人，"读万卷书""行万里路"，让全世都知道我的名字；还有一个则特别擅长辩论，人称"小马克思"，这几个孩子他们的学习成绩、思想品德都很好，他们的班主任异口同声地称赞：他们都不是读死书的"书呆子"，他们的爸爸妈妈，都一贯支持孩子广泛的爱好与特长，并不惜一切代价，为孩子创造了许多发挥爱好特长的有利条件。

充分利用对孩子
施加教育影响的六种力量

前苏联著名教育家苏霍姆林斯基认为，对孩子施加教育影响有六种力量：一是家长，特别是母亲；二是教师；三是集体，包括班级、少先队、幼儿园等；四是自我教育；五是书籍；六是社会，包括经常的或偶然接触的亲朋好友与街头、村庄伙伴。

以上六种力量好比六个雕塑家，这六个"雕塑家"，随时随地在对他们加工，其中父母，特别是母亲是最细致、最有影响、最有权威的"雕塑家"。有人说，一个贤良的母亲相当于100个教师，未来社会掌握在母亲手里，这些都充分说明家长的教育特别是母亲的教育在子女成长过程中的重要性。

年轻父母，对这六种力量既要善于利用、善于发挥、善于总结；又要扬长避短、因人施教，敢于创新。这六种力量用好了，就可以在家庭教育的理论与实践方面，写下一部很好的"教育学"。

改变不利孩子
智力发展的生活因素

孩子的智力发展,除了遗传、疾病、营养和环境条件外,一些日常的生活因素对孩子的智力发展也有很大影响:

一、睡眠不足。睡眠是让大脑休息的最主要的方法。孩子因学习负担过重,家庭作业过多,看电视时间过长,或上网熬夜,减少了睡眠的时间,使脑神经细胞的兴奋和抑制平衡遭到破坏,大脑的发育和正常功能的发挥受到影响,对智力发展极为不利。

二、运动不够。儿童期是智能发挥的旺盛时期,大脑需要大量的供血,而运动可以促进血液循环和"新陈代谢"。如果把孩子整天关在房子里,看书、作业、玩电脑,很少到室外参加体育活动,运动不足,则大脑供血困难,脑细胞和智力的发展受到很大影响。

三、忽视早餐。每天上午,是孩子体能、智能消耗较多的时间,如果早餐的质量不好,或者少吃不吃早餐的孩子,营养供应不良,必将影响到智能与体能的正常发展。

四、爱吃甜食。甜食过量,造成孩子食物结构单一,无形中对营养丰富的水果、蔬菜减少食量。且据专家研究表明,糖是一种酸性食品,如果大量食用,会使体内酸碱平衡失调,降低人体免疫力,削弱白细胞抗击外界病毒进攻的能力,加之钙量不足,均可成为致癌的诱发因素。

五、头发过长。头发所需的营养均来自脑部。如头发过长,其消耗的营养必然增多,脑部便出现"营养危机",大脑的正常活动必将受到限制。

上述种种不利智力发展的生活因素,应该引起家长注意,并设法加以改变,使孩子健康成长。

"定向培养"应注意的几个问题

"定向培养"就是选准孩子发展的最佳点,从小开始就重点培养。

"定向培养",这是近年来不少家长一直在谈论和实践的一个新问题。有的孩子通过"定向培养"获得长足的发展;有的则事与愿违,甚至闹出种种悲剧来。总结"定向培养"的经验、教训,有以下几个问题值得特别注意:

一、不要把家长的意志、意愿、兴趣、爱好强加给孩子。家长的意志、意愿、兴趣、爱好,并不意味着孩子就有这方面的天赋。家长代替孩子的做法是不妥的,这样,孩子的优势、潜力、积极性、创造性就不能得到充分的发挥;外因条件再好,也不能起作用。有的家庭对孩子的"定向培养"闹出种种悲剧,这是一个重要原因。

二、一般说来,处在长身体、长知识年龄的孩子,其才能、天赋是潜在的。家长应积极创造条件使孩子的才能、天赋显露出来。在这一过程中,家长要通过细致地识别、客观地分析、比较,在孩子的种种才能、种种天赋、种种兴趣中,发现孩子最有才能的、最有天赋、最感兴趣的是什么,然后有目的地对孩子进行科学的培养。实践证明,对孩子的"定向"离开了这一过程,或这一过程进行得不够充分,都会使"定向培养"陷入盲目性,违背科学性。

三、"定向培养",对于孩子的早成才,成好才虽然有重要意义,但

这种"定向培养"还必须建立在孩子全面、和谐发展的基础上。所谓"全面、和谐",不仅表现在"德""智""体""美"上,而且还表现在这四者的有机统一上。"全面、和谐、发展",这是人才成长的基本规律。对孩子进行"定向培养",尤其需要我们认真遵守这一规律。鲁迅先生根据其切身感受劝告爱好文学的青年多读自然科学方面的书;杨振宁博士根据自己的经验要求天才儿童不能专注于学习他的特长科目,还要有广泛的知识;曾荣获诺贝尔物理学奖的美国科学家肖克利成名后,办了个半导体开发公司,许多电子研究领域的人才纷纷慕名在他的公司供职,但因其缺乏竞争意识,缺少协作精神,且对人态度专横、冷漠,供职者又纷纷辞职而去,肖克利的公司也由此垮掉。在对孩子进行"定向培养"时,怎样使孩子全面、和谐发展,我们当从名人的忠告和挫折中得到有益的启迪。

给孩子成长提供一个较高的起点

　　印度近代最杰出诗人之一罗宾德拉纳特·泰戈尔,被誉为印度近代文学的奠基人,他在 60 余年的创作生涯中,给人们留下了五十多本清新的诗集,被世界文坛誉为"诗圣"。

　　泰戈尔父亲是一位文学家、哲学家和社会活动家。经常有人到他家里诵读诗文,讨论哲学,表演戏剧,这给泰戈尔在幼年时期就种下了热爱文艺的种子。特别是他的父亲,根据印度是"诗之国"的自然环境和条件,把诗歌作为教育孩子的一个有力武器。当孩子做了不好的事情时,他的母亲必定背诵一首小诗告诫他;当在学校里学了字母之后,他的父亲教给他的辅导课,就是一首优美的抒情诗;当他学了化学、数学、物理的法则、公式时,他的父母又精心地帮助他用诗的形式把这些法则、公式表达出来,朗朗上口,便于记忆。由于泰戈尔从小就生活在诗歌的海洋之中,受到了诗歌的感情熏陶,所以当他到了 8 岁时, 就学习写诗了;14 岁时就发表了爱国短诗《现代印度教——庙会》;16 岁时发表了《诗人的故事》,在社会上受到了好评,为后来成为一个伟大的诗人打下了坚实的基础。

　　泰戈尔的幼年时期所受到的家庭教育启迪我们: 对于儿童的某些特殊才能的发展,早期教育具有决定性的意义。

把握教育孩子最好的时候

一、新学期开始的时候。新的学期开始孩子进入新的学习环境时，会有一种新的动力，此时家长因势利导，给几句祝福语，如"做院子里、村子里大伙喜欢的好孩子"，激励孩子"旗开得胜"！

二、享受成功喜悦的时候。此刻家长若在祝贺、鼓励的基础上对孩子提出明确具体的要求，如"珍惜取得的成果，更上一层楼！"这样，将会收到特别满意的效果。

三、感到委屈的时候。此时家长若以冷静、宽容和同情的态度去帮助、解释，孩子会产生感激之情，也就容易接受家长的告诫。

四、教师来家访的时候。家长应当面把孩子的长处告诉老师，同时以希望的口气提出孩子的缺点，切忌单纯"告状"。这样，有利启发孩子自我评价、自我奋发。

五、在困难或失败的时候。家长不是训斥，而是实事求是，对不足之处给予"点拨"。减轻压力，帮其走出"困境"。这时的理解、同情，能收到特别好的效果。

六、对某种事物怀有浓厚兴趣的时候。兴趣，能推动人去寻找知识，激励人去创造钻研，打开新的思路。

帮助孩子创造好学习的自然环境

孩子学习的自然环境,包括:声音、光线、温度、空气、气味、色彩等方面。

一、声音

声音有"乐音"与"噪音"两种。在噪音环境中,孩子极易分心,不要多久,便会感到疲倦、乏力、头晕、头痛,注意力涣散。因此,学习环境的噪音应小于 30 分贝,而思考时最好低于 20 分贝。音量太大的歌曲,节奏强烈的摇滚乐、爵士乐等等,也会产生影响孩子学习的不良效果。

二、光线

就光线强度而言,过强过弱的光线对学习都会产生不良影响。过强的光线会导致眼睛疲劳,烦躁不安,甚至眩晕,降低思维的判断能力,以及引起对学习的厌恶感。一般说来,在阅读普通印刷物时,以40-60 支烛光的光线较为适宜。就光线方向而言,阅读平面材料及书写时,为了使阅读材料显得平滑柔和以提高阅读效率,光线宜来自后方,最好来自左后方;在观察立体的东西时,为了提高观察效果,光线宜来自左侧或右侧,以保证光线与视线成直角,突出材料的立体感。

三、温度

据测定,学习环境的最佳温度为 20℃。此时,人脑加工处理信息和思考问题,判断问题的能力最强。当气温低于 10℃时,头脑虽然清醒,但解决问题的能力较差;当气温高于 30℃时,随之增加,使人烦躁不安,学习效率自然受到影响。

四、空气

大脑活动需要足够的氧气,氧气不足,能量代谢水平降低,大脑功能也随之降低。所以,保持学习环境空气的流通、清新十分重要。

五、气味

有学者通过研究发现,不同的气味对人的心理分别产生不同的影响。水仙花和紫罗兰的香味往往使人感觉温和缠绵;玫瑰花的香味给人一种愉快的感觉,使人产生一种遏止不住的工作、学习欲望;柠檬具有积极的兴奋作用。平时智力较弱的孩子,如果在弥漫着母菊、薄荷、新鲜的青草之类散发香味的环境中坐上一会儿,思维速度会加快,思路变得清晰,做作业也容易得多。

六、色彩

各种色彩在人心理上的反应是不尽相同的。有人对色彩与人的生活、学习关系做过这样的分析概括:

红色:热烈、喜悦、勇敢、昂扬。

黄色:醒目、庄重、光辉、高贵。

蓝色:安详、深远、平静、高洁。

绿色:春意、活泼、和平、发展。

白色:清洁、坦率、朴素、纯洁。

品红:秀丽、鲜艳、轻飘、悦目。

紫色:柔和、优婉、华贵、娴静。

黑色:沉默、恐怖、肃穆、悲哀。

灰色:和谐、深厚、静止、大方。

以上这些色彩概括不是绝对的,它是日常生活给人的印象与感觉。并且随着时代、环境、民族、季节以及人们的习惯爱好、思想情绪、心理状态变化而不断变化。但是,色彩赋予的这些不同个性和象征,对陶冶孩子的性格、情绪会起到一定的影响作用。如果是夏天,周围环境布置突出红色,就呈现出一种"热上加热"的感觉;如果在孩子看书学习的地方,张贴一些五颜六色的书画,就给人一种眼花缭乱的感觉,不利于集中精力。

总之,孩子学习环境、家庭环境的布置,对色彩的选择,宜科学一点,整洁一点,朴实一点,大方一点,和谐一点,就会收到潜移默化的教育效果。

低龄入学有弊端

有位小学教师,去年带个一年级班,共 40 名学生,平均年龄 6.5 岁,其中 15 名学生在 6 岁以下。经过一年的教学实践,她发现,低龄儿童入学有不少弊端。

一、影响学业成绩。在教学中,她清楚地看到,那些年龄过低的学生大部分反应比较迟缓,接受能力偏低,不能按要求完成各种作业,考试成绩总是落在后面。如:第一期期末考试,语文 12 人不及格,数学 10 人不及格,而 95% 是那些低龄儿童。反之,全班 10 个 7 岁以上的学生语数成绩都在 90 分以上,6 岁半到 7 岁之间学生的平均成绩也达到了 85 分。

二、影响身心健康。读书是一种脑力劳动,是要费神的,不到一定年龄,硬要承受的话,身心就会受到某种伤害。例如:有 5 名低龄学生入学前是很活泼可爱的,但现在已变成了"小老头",体重也比入学前分别减少了 0.3、0.5、0.8、1.2 和 1.8 千克。在上期的健康状况检查中,15 名低龄学生的身高、体重、智力等发育情况明显低于正常入学儿童的发育水平, 近视眼发病率也比正常入学儿童高 3 倍。

三、**影响教学进程**。低龄儿童大部分意志脆弱,动不动就哭脸,有时弄得课都上不成;回答问题多数结结巴巴,要一字一句地去猜,才能弄懂其意思;对概念模糊不清,理解能力低下,有时连讲几遍他们还是不知所云;布置作业,相当一部分人找不到地方。老师不得不把一节课的内容作两节、甚至 3 节课来上,并挤出时间给他们补课。而正常年龄入学的儿童,老师几乎不必给他们补什么课。

四、**影响班级工作**。低龄学生由于年龄小,自理能力差,对班级工作影响很大。上课玩小动作、讲小话、注意力不集中者十有八九出现在低龄学生身上,迟到、旷课现象更是严重,全期没有一个低龄学生没有迟到或旷课的。加上动手能力差,低龄学生连值日生任务也完成不了,有时甚至是家长亲自到校帮孩子做值日搞卫生。

诚然,低龄学生中也有个别佼佼者,但毕竟是个别的。如果你的孩子确有非凡智力,低龄入学也是可以的,那就另当别论了。

超常儿童有哪些特征

一、强烈的求知欲。有些孩子常使家长感到难堪，因为他老是"打破砂锅问到底"。问得您张口结舌，这样，您可千万不能"恼羞成怒"，也不要敷衍搪塞。否则的话，您可能就错过了发现和造就一个"天才"的机会。德国威特在三四岁时常问些看来可笑但又很难回答的问题，常使大人为难。后来，老威特命令家人除非有百分之百的把握，否则不许回答小威特的问题。他认为："宁可让孩子知道大人也解不出这个问题，也不能教孩子似是而非或错误的东西。"小威特后来成了哲学、法学、文学博士。

二、高度的抽象概括能力。当一个三四岁的孩子会回答你"狗和苹果的区别在于一个是动物，另一个是水果"，而不是说："一个会叫，一个可吃"时，你应该庆幸，你的孩子具有超常的抽象概括能力。儿童思维能力的发展一般要经历直觉行为思维、具体形象思维、逻辑抽象思维三个阶段。

一般孩子到 5 岁时才出现初期的抽象概括能力。

三、非凡的读写能力和自学能力。一般孩子最早从 5 岁才开始识字、画画、写字。但多数非凡的"天才"都突破了这个界限。沈阳幼儿李子东在 1 岁时就会说："姥姥，把小东西拿来。"到 2 岁半，就已认识了 1500 个汉字。同时，这些孩子具有很强的自学能力，他们往往自己找书看,找生字认。因而,培养孩子的读写能力和自学能力,平时要注意不要故意把名词读重复,如把"肉"读成"肉肉"等,要用简洁完整的语句对孩子说话。

四、敏锐的观察力。一位 2 岁的女孩问母亲:"电车有辫子,为什么汽车没有辫子?"这句话既反映了孩子的求知欲和概括能力,也表现了敏锐的观察力。超常儿童正因为具有敏锐的观察力才引发了其求知欲,才引发其思考力。

五、不同凡响的记忆力。没有良好记忆力的人不可能取得卓越成就的,而不同凡响的记忆力正是成才的关键。这些孩子他们对所接触的事物即使时隔很久, 也记忆犹新, 准确复述。正是这种超常记忆力,使他们迅速增长知识,打好了在未来事业中取得成就的基础。

六、卓越的计算能力。11 岁的申克功在杭州表演心算能力时,他算了 183 题均无误,且多数题目的心算速度超过袖珍计算器。当然超常儿童并不一定都具有申克功这样的"神算力"。家长们也不必为孩子没有"神算力"而望"神"兴叹,只要您耐心鼓励和帮助,孩子的计算能力是可以后天增强的。

七、特殊的个别能力。超常儿童不是"万宝全书",他们多数能力只是略高于普通人,但他们往往有一二项异乎寻常突出的能力。如莫扎特幼年的听觉就极为灵敏,因而在父亲的刻意培养下,4 岁开始作曲,6 岁在大型演奏会上担任主演,10 岁写出歌剧《简单的伪装》,一生作品很多,在音乐史上名垂千古。

八、良好的成才个性。有许多家长可能说:"我孩子具备了所有上述的特征,但为什么他以后未能成才呢?"在这里,必须强调,光有超人的才智并不一定能成才,才智只是为您孩子成才提供了基础,而良好的成才个性则是另一要素。所谓成才个性主要是指具有善于思考,敢于开拓,勇于向权威挑战,持之以恒、坚忍不拔,善于创造等性格特点,这也是为什么有的智力并不十分超人者能取得较大成就,而有些非常聪明者一生平平庸庸的道理所在。因而,作为家长,不管孩子是否具有上述特征,都应该从小培养他们这些良好的成才个性。

以上八点,是超常儿童所具有一般特征。但家长们不要因为自己孩子没有这些特征而懊丧,因为人才是由遗传、环境、教育诸因素共同作用下产生的。"天才在于勤奋,聪明在于积累""勤奋长才干,实践出真知"这些都是永恒的真理。

孩子上了初中
如何度过"初二现象"

"初一不分上下,初二两极分化,初三天上地下。"在许多年轻父母中,流传着这样一种说法。意思是说,孩子一上初中,就变了,单讲学习成绩,初一还差不多,初二就两极分化,到初三差别就大了。"初二"真的这么可怕吗?最近,有所名校的班主任,谈了这么一个案例。

初二班主任王老师教过这样一个孩子,他在学校的各项文体赛中都有着优异的成绩,还在学风严格的校园文化中,利用课余时间组建了一个乐队,克服了种种困难,挤出时间来练习,终于在一年一度的艺术节上大放异彩,成了校园偶像。

然而辉煌背后,孩子越来越无心学业,虽然在纪律的约束下,每节课他人都在,但心却早驰骋在音乐的海洋中了,成绩每况愈下。父母忧心忡忡,都觉得这孩子可能连高中都考不上。

在引导过程中,王老师首先肯定了孩子在文体方面取得的成绩,这让他喜不自禁。毕竟,这个年龄段的孩子最渴望得到认可。可是,老师接下来的一个问题,却让孩子愣了一下,"如果高中都考不上,你的特长该怎么去成长与发挥?"

这个问题是"风头正盛"的孩子尚未考虑过的,经过几天的迷茫与彷徨,正如王老师所言,"如果连高中都没考上,该如何继续追寻自己的音乐梦想呢？"从此孩子下定了决心,在班主任的引导、帮助下,全力查漏初二缺落下的课程。终于功夫不负有心人,在高中会考中,取得了好成绩。

事实证明:"初二现象固然存在,但并不可怕。"有些家长觉得孩子忽然叛逆了,其实这恰恰代表着孩子们随着年龄的增长,自我意识和自私领域意识的增强,开始独立思考了。这个阶段,孩子有着很强的自尊心,同时也有着很强的求知欲。

家长要及时地感知孩子内心中的追求,引导孩子充分发挥求知欲,让孩子在追求梦想的道路上越走越宽,越走越坚实。

读一读袁隆平院士这篇访谈录

《光明日报》2002年9月3日发表的"袁隆平:'全才'未必都有发展"的访谈录,介绍了一位大科学家成长、成才、成功的切身体会,从中悟出了诸多非常朴实而又十分深刻的道理,值得认真一读。

袁隆平:1930年生于北京。中国工程院院士,国家最高科技成就奖获得者,我国杂交水稻研究领域的开创者和带头人,被誉为"杂交水稻之父"。

下面,是袁院士的一段访谈录:

有人说我的外表不太像科学家的样子。其实,我在读书的时候特别好动,不是标准的好学生。一直到大学,同学给我写鉴定还要笑我:"爱好:自由;特长:散漫"。我喜欢外语、地理、化学,最不喜欢的是数学。因为小学在学正负数的时候,我搞不懂为什么负负相乘就得正,就去问老师,老师说,"你记着就是";学几何时对一个定理有异议,去问,还是一样回答。我因此得出结论,数学不讲道理,于是不再理会,学数学兴趣一直不大,成绩不好。2001年我和数学家吴文俊一起去领国家科技最高奖的时候,我还向吴文俊讲起数学没学好的事。我很仰慕地说:"数学是科学之母,任何科学到了最高阶段都要数量化",吴文俊马上回我一句:"农业是数学之父,我国数学的发源,就是来自对农作物产量的计算。"

哪里都会有一些偏科的孩子。对学生个体的这种差异，有的大学破例招收确有特殊才能、又不够专业录取线的孩子，我看很好。高考也应该把如何鼓励偏才的问题考虑进去。如果什么都整齐划一地要求，可能会把真正有创造力的学生箍死，埋没一些人才。我身边就有这样活生生的例子，有个孩子，外语成绩特别突出，但数学不行，高考考了3年没有考上，弄得面黄肌瘦，整个人像个小老头。我就说，不要考了，你外语好，正好我这里需要翻译，就让他来试试看。没想到他来了以后竟如鱼得水，外语水平、综合素质越来越高。

所以我认为考试要改革，要突破一些框框，允许一些偏科的孩子发展自己的兴趣特长。学生平时在学习当中要少考、多学，知识面要宽，学校要特别注重学生自由发展兴趣特长，甚至鼓励"偏才"。循规蹈矩的孩子缺乏创造力，"全才"不见得今后都会发展。过于统一的考试会埋没偏才，将来通过高考改革，有些专业的考试，考两科基础课，再选一门专业课未尝不可。

关于学农的人不多，是一个比较复杂的问题，是时代潮流使然。当然人各有志，具体到个人，有一个对农业的认识的问题。我立志学农始于读初小时学校组织的一次郊游，那多少是带有小资幻想的选择，离现实太远，我真正认定将这条路走到底，是因为我在60年代亲历了大饥荒，那时大家都饿得水肿，我亲眼见到5个饿殍倒在路边和桥下，那情形刺激了我这个学农的人。

常有人问我，你搞发明总要有灵感，那灵感是怎么来的？我说所谓灵感，它是知识、经验、追求、思索几种因素综合后升华的产物，由于某种外界因素的刺激，一下子火花出来了。所以，灵感除了捕捉思想火花，还必须有其他的积累，特别还包括一个人的追求、责任感。应该让青年人了解，真正学农是会有出息的。农业真正是包罗万象的事业，包括那么多作物、动物、微生物，样样与人的生存休戚相关。无非要常在田间工作苦一点,但无论自然的天地、还是科学研究的天地都特别宽广,有广阔的前途。

我小学上的是一所教会学校,现在看来学校在德、智、体、美、劳几个方面都兼顾得比较好。我兴趣广泛,但成绩最突出的是体育。在体育项目中,我玩各种球类的水平都是二流、三流,但游泳是一流。有一次汉口市举办游泳选拔赛,我那时候特别瘦小,怎么要求老师都不带我,我就偷着跳上别的同学自行车后架去比赛了,结果我拿了自由泳和蛙泳两个第一。

我觉得学生时代重视体育,加强身体锻炼特别重要,不能小看体育。我现在72岁了,天天下田。年年体检,凡是老年病,什么高压血、白内障、前列腺炎……都与我不沾边,只有眼睛是100度“老花”。我的体重按照标准体重一算,只差0.1公斤,肌肉一点没有萎缩。有一次在广州,一个盲人给我按摩,说我的肌肉很有弹性,问我多大年龄,我谎说35,他说差不多,我又说,是35公岁,他不信。前几天我们单位游泳比赛,我参加两个项目,结果,72岁了,又拿了两个第一。

·第二章·

把握孩子自我发展的广阔空间

如何引导孩子过好"双休日"

实行新工时制后,如何让孩子高高兴兴地度过"双休日",帮助他们选择健康、文明、科学的生活方式,养成良好的道德行为习惯,这是革新家庭教育的一个重要方面。有了"双休日",增加了父母同孩子的密切交往,扩大了孩子活动的时间与空间:这是一种可贵的教育资源。

如何引导孩子过好"双休日"? 家长首先必须增强三个意识:

一、增强开放意识。"双休日"从某种意义上讲就是"开放日",主要是引导孩子从家庭、学校的小天地、小课堂,走向社会的大课堂、大世界。这是孩子们一种天然的享受。如果谁把"双休日"变为"双关日",即关起门来读书、作业,实行全方位的封闭,这是违背教育规律的。

有所小学,在四年级组织一项心理测试的作文活动,题目是《我家一件烦恼事》,100人参写,其中有68人写的是"双休日"的烦恼。孩子们在文章中发出了童心的呼唤,归纳起来是"三怕":一怕家长禁令"三不准",即不准出门,不准会友,不准参加文体活动;二怕家长规定的"高分线",如泰山压顶。大多规定语文、数学考试要在90分以上。没有把握达到指定的分数线就没有资格休息;三怕爹妈反锁门,关在房子里看书做作业。有个孩子写得好可怜,又好气愤:"我最烦恼的是那把砸不开的铁锁,锁住了我心中的天窗……我成了笼中的小鸟,想飞飞不去。我的星期天,就是关在笼子里度过的。"

二、增强限制意识。有开放,必有限制,有条件的限制,是为了更好的开放。那种放任自流,乱开乱放是不会带来好结果的。如果这个时期把握不好,好事会变成坏事。为此,家长对孩子"双休日"活动,一定要有所选择。绝不让孩子参与赌博性质的打麻将、玩纸牌、乱玩游戏机的活动;不让偷看黄色的录像影片;不让传抄、借阅、购买那些淫秽书刊、画报、小说;对那些逞强霸道、道德败坏、挥金如土、终日涂脂抹粉、专着奇装异服的所谓"风潮人物"和"新新人类",实质上是"危险人物",要设法进行回避与隔离;坚决禁止参与任何形式的打、骗、抢、偷等小帮派罪恶活动。在这些原则问题上,一点也不得含糊,不得小看,不得放任。

三、增强争夺意识。开放与限制,都是为了争夺。在青少年身上,的确存在着好思想与坏思想激烈的争夺。这种争夺,有的是有形的,但大多是无形的;有的是公开的,但大多是隐蔽的;有的是表面的,但大多是潜伏着的。每一个家长在这场争夺战中,要有高度的政治敏锐性和政治鉴别力。要树立那种"知己知彼,争夺必胜"的信心与勇气。有人说得好,在青少年这场争夺战中,如果失败了,后果是不堪设想的。思想坏了出"毒品",知识少了出"次品",身体差了出"废品"。如果出了"次品""废品"甚至"毒品",不仅断送了孩子的一生,也为社会造成了不安定因素,好比一架飞机,装上一个坏了的发动机,一旦起飞,不仅毁灭自己,还要牺牲别人。那么我们当家长的,就要受到历史的惩罚。

帮助孩子选择好"双休日"活动

一、文娱体育活动。儿童少年离不开娱乐，离开了娱乐就失去了童年。游戏、打球、爬山、溜冰、舞蹈、歌咏、弹琴、踢毽子、跳绳、民间武术、故事、少儿节目，文艺晚会等等都是孩子喜闻乐见的。文娱体育活动是孩子"双休日"的主体活动，唱唱笑笑，蹦蹦跳跳，这样可以打开孩子心理的"天窗"，保持健康的心理状态，为下阶段的学习提供一个新的兴奋点、起跳点。

二、劳动科技活动。如鼓励孩子植树、种花、养花、制作生物标本，打扫环境卫生，搞好门前"三包"，清除公共场所垃圾，修理玩具、家具，帮助家里做饭、洗衣，为自己整理书房、书柜，清理学习用品、生活用品。对农村的孩子要大力提倡参与开放庭院经济的"五小"活动，即小果园、小菜园、小鱼塘、小牧场、小苗圃等等，从小培养他们的劳动习惯，打下"科教兴农""科教兴国"的思想基础。

三、参观与走访活动。如参观当地纪念馆、图书馆、科技展览馆，商品交易会,新的开发市场,新建的学校、幼儿园、工厂、娱乐场、体育场。农村的孩子还可以走访当地科技示范户、示范村、示范场。同时还鼓励城乡交流,让乡下的孩子到城里来,城里的孩子到乡下去,突破区域界限,扩大视野,交流感情,转变观念,使他们呼吸到改革开放带来的新鲜空气,增强他们热爱家乡、热爱祖国、热爱社会主义的思想感情。

四、物品收藏活动。收藏是指把分散的物品收集保藏。在当今世界集邮、旅游、收藏三大热中,收藏是一项文明产业,发展很快。在日常生活中,每一个人都有自己喜欢的珍贵物品,孩子更不例外。例如许多孩子除集邮之外,还喜欢收藏商标、烟纸、糖纸、硬币、贺年卡、名人字画、艺术明星、体育明星照片等等。收藏起来,分类整理,日积月累,将是一笔可贵的文明成果。对喜爱收藏历史文物的孩子,要特别加以鼓励。如收藏古书、古画、古币、古诗联、古瓷器、古乐器、古文具、古花盆等等,这些都是珍贵的历史文物,鼓励孩子要像爱惜自己的眼睛一样爱惜历史文物。

孩子一旦看到自己用心血凝聚的劳动成果与信息储备时,就会产生特殊的获得感、自豪感、兴奋感。这对培养激发他们的创造性思维,发展爱好兴趣,培养社交能力与养成良好的行为习惯,都不失为一条上策。

五、课外学习活动。在完成家庭作业后,鼓励孩子阅读课外书刊,练习书法、绘画,抄录名人格言,开展读报、剪报与办手抄报等活动。课外阅读十分重要,知识是互相联系的,正如人吃饭一样,主食当然重要,但副食也不可少。现在有的家庭对孩子的课外读物还需充实,据一个学校调查,65%的孩子家里没有一种报纸刊物,这是一个缺陷。必要的物质条件必须保证,但必要的精神食粮更不可少。

让孩子选择好"双休日"活动,这是关系到学校家庭与社会的一

项综合工程、基础工程。实践证明,选择"双休日"活动,要充分尊重孩子个人的爱好与兴趣。休息、娱乐、阅读、走访都有很大的个体性。专家们指出:世界上一千个人有一千个人的活法,每个生命都是一部独特的教材,当父母的绝不能按一个模式来强求孩子的整齐划一。在正确思想的指引下,"双休日"谁爱好什么,就应顺其自然,投其所好,略加指点,切不可把大人的想法强加到孩子身上。要多提供自我教育、自我选择、自我活动的宽松环境,从而培养孩子的自立精神。

指导孩子开展读报、剪报、办报活动

21 世纪号称信息世纪。信息的生产与交换,将成为社会生产的基本内容。"三报"(读报、剪报、办手抄报)活动,是提高孩子信息能力的基础性活动。

读报。督促孩子天天看报,把几个版面的大标题都看一遍,使国内外大事尽收眼底。然后,挑选最重要的与最密切的事再仔细看看,有的还可以摘记到《信息本》中,以便专题整理,对某个方面的信息有个比较系统的了解。有的家庭建立了《周末信息聊天制度》,让孩子给家里人说说他们订的《少年报》《语文知识报》等都有哪些主要内容,自己有哪些收获。爸爸妈妈也讲讲日报、晚报及家里订的文摘类报刊上的要闻和热点,全家人七嘴八舌,漫议天下,给社会现象"打分",评论社会现象的是非美丑。还议议:咱们该怎么办?怎样拿出实际行动,参与各种有益的活动?

剪报。让孩子把自己订阅的报刊资料分类进行专题剪贴,如编排《学习十佳队员》《改革开放的脚步》《家乡面貌日日新》《国际热点》《高新科技珍闻》《卫生保健和营养》《新时代英雄谱》等专辑和剪报,并把它们分类存放在旧信封或塑料袋里,编上序号,以备日后查找、使用。有的孩子用剪下的照片、漫画、书法和美术作品,在班里办"小型展览",老师和同学称赞是"买不到的好书",大家都从中学到不少知识。写作文、发言稿,开队会、班会,都可以从自己剪辑下来的《资料袋》中找到许多难得的材料。剪报贵在坚持,日积月累,终身受益。

办报。可以指导孩子随着兴趣、爱好,办一份专题的"手抄报"。如,数学的,自然的,历史的,地理的,写作的,集邮的,天文气象的,国际知识的等。自己取个响亮的名字,设计、绘制个报头。也可以是综合性的,如赖宁上小学时就办了一张小报,取名叫《石头报》,有时事,有评论,有好人好事,日记选编,文艺新作,同学们都喜欢看,还给他的报"投稿"。这样,让孩子们人人是作者、编者,大家又都是读者。可以一个孩子办,也可以情趣相投,几个孩子合作办。8开纸一张,每月出几期,交换着看,很有意思。孩子们长了"本事",关心的面儿宽了,眼界开阔了,有的就联合起来为所居住的村庄、楼、院、胡同,办《新风》《新人赞》黑板报,入户采访新人新事,图文并茂,深受村民、居民欢迎。

"三报"活动,有利于锻炼孩子的观察能力、思维能力、交往能力、写作能力以及综合运用多种知识的能力,"三报"是评价是非、分析问题、解决问题的"练兵场",从中培养与发展社会责任心、自信心及爱好、特长。家长对孩子要耐心指导,开始时动手帮一帮,以后就让其"八仙过海,各显神通"了。

教孩子学会做客

学会做客是学会做人的一个重要标志。

家长带孩子到朋友家做客,这是常有的事。但是,怎样教孩子做客呢? 这就值得考虑了。

一、家长同孩子来到主人家门口时,先要轻轻敲门。有的孩子敲门时用力过猛或用脚踢,这都是不礼貌的行为。主人出来迎接时要教孩子向长辈说:"叔叔您好"或"阿姨您好"等礼貌话语。

二、进入主人家后,要听从主人安排就座。入座后,如果主人端来糖果或茶水,要教孩子说"谢谢"。有的孩子在接受主人家给予的糖果时,喜欢大把大把地抓,这种行为不好,应该教孩子拈一两样即可。

三、家长带孩子到朋友家做客,往往会出现这种现象:大人们交谈,孩子无事可做,久了,就嚷着要走。遇到这种情况,主人家往往会拿出一些玩具给孩子玩,或拿出一些小人书给孩子看。这时,家长要教育孩子爱护主人家的玩具和小人书,不要因喜欢主人家的玩具或小人书,就想带走……

四、做客过程中,如果主人家也有同龄的小伙伴,可让孩子同他们一道玩耍。但玩耍时,要教育孩子同他们团结友爱,不闹矛盾。

五、如果在主人家中用餐,吃东西不要挑肥拣瘦,更不要好吃的东西就吃个没完,不好吃的东西就拈着到处乱扔。

六、带领孩子做客,家长也要以身作则,做出榜样,以良好的行为去影响和教育孩子,使孩子从中得到启发和教益。

七、离开主人家时,要教育孩子向主人家道谢,或说"叔叔再见""阿姨到我家来玩"等亲切话语。

"散步"是家庭教育的好时机

有位退休老人，除了寒冷的冬季和风雨天，每天晚饭后都和六岁的小孙子外出散步。别提这散步对身心带来的好处，单说对孩子智力的开发，也确实有不少作用。

下面，是这位老人的介绍：

散步的优越性在于孩子不受家中玩具、食物、音响、人物等的干扰。在比白天清静得多的马路边、林阴下，孩子是漫不经心的。

"我们这是朝哪个方向走呀？"我问。

"东面。"孩子说。

"你咋知道这是东面呀？"

"因为太阳是从东面升起的。"孩子指着天空说。"对！"接着我教他辨认东、西、南、北。

一辆公共汽车开来。我问："为什么汽车是这么空呀？"

"因为叔叔阿姨都下班回家了。""对！你看，汽车到站时，后面的红灯一闪一闪，这是为什么呀？"

这是告诉后面的车子："我停车了，别撞上来！"他俏皮地说。

"真会动脑筋！"我表扬了他。他很得意。

接着，我和孩子玩开了"我说大，你说小"的说反义词的语言游戏。于是多与少、轻与重、厚与薄、白天与黑夜、热闹与安静、远与近、甜与苦等他都在不知不觉中学会了。

有时我的教育是随机的,如让他猜一些谜语。例如:见到"青蛙",谜面就有几种:"冬天睡洞房,夏天到外逛,雨过天晴后,水边大合唱","一个游泳家,唱歌呱呱呱,小时有尾没有脚,大时有脚没尾巴"。孩子猜谜,有助于认识事物,发展语言,检验智力,使孩子的形象思维、逻辑思维和想象力得到充分发挥。

"串门"有利于孩子调整自己的行为

　　串门,在以往四合院时代非常普遍。随着人们生活水平的不断提高,现代化住房逐渐普及,现每家大多独有一套住房,一扇大门,各个家庭处在自己的小天地中,串门也越来越少了。但是当今人际关系已被提到十分重要的地位,走出自我的小圈子,适当到其他亲朋好友家中走访,既可以联络感情,又可以交流信息,因此,串门有显著的功效。巧妙地安排孩子串门或者科学地带领孩子走访一些家庭,对孩子的成长起着不可替代的作用。

　　搞好一次成功的串门,家长必须做到以下三个方面。

　　一、家长要恰当地选择串门时间和地点。孩子每天都有自己的学习任务,而且还必须有足够的休息时间,在这两样基本的时间得到保证的基础上,家长可以带着孩子串门。串门一般可以在周末晚饭后,这一较轻松的时间内进行。串门的频率不能过高,不然,孩子养成常往别人家跑的习惯,会使家长头疼。每次串门花费的时间也应适当,一般在一节课左右,过短则像蜻蜓点水,孩子之间交流不够;过长则由于小孩的自制能力较为欠缺,有可能玩上了劲,拖着不走或者与小伙伴玩熟之后,做出不恰当的行为。另外,串门的时间也应和人际交往中的注意事项联系起来;如天气炎热的季节不宜串门,因为每家在自己室内穿着比较随便,突然有客来访,会手忙脚乱。串门的地点更不能太远,心理学表明,幼儿的注意力容易分散,如果串门要走的路程过长,孩子会把很多精力集中在行人或街景上。而且还极易使孩子身心疲劳,自然不会在意家长的良苦用心。

二、必须合理选择串门对象。串门要选择同自己的教育方式相似,效果较佳的家庭进行。这样才能保证家庭教育的权威性,客观上起到其他家长帮自己说话的作用,让孩子清楚地看到别人家的小朋友是如何听父母的话,不断进步取得优良成绩的。如果找教育效果不错但教育方式不同的家庭走访,孩子即说"你看别人的爸爸妈妈是怎么说的……"反过来,闹得家长进退两难。所以家长单独走访时,可以找不同类型的家庭,交流彼此之间的经验,看到可以借鉴之处,慢慢学习、完善。而带孩子一同行动,则应到能"用一个声音说话"的家庭。

三、串门要有一定的目的性。如自己的孩子不爱劳动,有懒惰的毛病,要想改正他这一缺点,家长就可以有意识地领孩子到邻居家坐坐,让他亲眼看到其他孩子自己洗衣服或抹桌、扫地,然后在生活中提醒自己的孩子,强化他养成好习惯。少儿具有很强的争胜心和模仿心理,他们看到伙伴行为受到赞扬,自己会不甘落后,这样他的不足之处就慢慢改正了。因此,通过串门,巧妙地在孩子心目中树立榜样,督促他养成好习惯,这种办法是十分可取的。

家长巧妙地安排和利用串门,这种春风化雨般的教育方法能给家长在教育孩子的过程中捎去一份轻松和快乐。

"家庭聊天"是影响、教育孩子的一种好方式

　　家庭聊天,这是影响、教育孩子的一种好方式。其育人效应表现在以下几个方面:

　　一、家庭聊天,往往无固定的话题,天南海北无所不谈。孩子参与聊天的过程,往往也就成了对孩子普及百科知识的过程。

　　二、家庭聊天无所不谈,孩子参与聊天的过程,也就成了孩子自我亮相的过程,这有利于家长针对性地引导、教育孩子。

　　三、家庭聊天,家庭的每个成员往往是无拘无束的,气氛往往是愉快、和谐的。因此,这时对孩子的诱导、教育往往也最易收到最佳效果。

　　四、家庭聊天,各抒己见,畅所欲言,是民主的,这不仅最有利于解决孩子思想上的矛盾,也有利于孩子从小学会过

民主生活,培养孩子的民主意识。

五、家庭聊天的过程,是家庭成员间情感的交流过程,是和谐、愉快的家庭气氛的建立与发展的过程,是和睦、幸福、文明家庭的形成过程。无疑,孩子在这样的家庭环境中生活,身心自然健康发展。日本有位著名教育家说过:"促进孩子智力的发展,最好的开端就是创造愉快的家庭气氛与和谐的家庭成员间的关系。"有关专家也认为:儿童时期的欢乐情绪是孩子生长发育及健全心理形成的重要因素。

当然,要真正发挥家庭聊天的育人功能,这里的关键还取决于家长的自身素质,特别是思想、政治、道德素质。如果家长的自身素质不高,聊天的内容不健康,反而带来副作用。由此,在研究家庭聊天的育人功能时,我们还必须与提高家长的自身素质有机地结合起来。

孩子看电视不宜时间过长

电视这个神奇的东西，对儿童、青少年有极大的吸引力。孩子们通过看电视，可以开阔眼界，增长知识，开发智力，陶冶情操，得到积极的信息和充分的娱乐。有人说，一个 5 岁的儿童，在一年内通过看电视所获得的信息，约相当于他的祖父辈人一生所获得的信息总量。

但是，孩子看电视的时间过长，或选择的内容不当，会产生消极的影响：

一、减少了孩子进行户外活动和社会交往的机会，影响他们适应周围环境和社会能力的发展。

二、减少了家庭成员之间必要的正常的感情交流和思想沟通，使得家长很难了解孩子，孩子也很少与家长交流，不利于家庭和谐气氛的形成和家庭教育的开展。

三、有碍孩子思维能力的发展。学校教给孩子们的主要是语言文化和概念文化，这是需要孩子认真地思考才能理解和掌握的，电视给人们的是音像文化，给人以直观性，因而就减少了儿童构想问题的机会，有碍思维能力的发展。长此下去，使孩子变成"思想懒汉"，以至削弱为实现自己的目标而努力奋斗的毅力。

四、有可能导致学习成绩下降。看电视的时间过长，用于读书、作业、思考的时间自然减少了。国外有人测试，将智力差不多的儿童分成两组，甲组在教室里阅读有关野牛生态的科普文章；乙组在电视前看同一内容的纪录片，看后对两组进行测试，回答有关野牛生态的10个问题，结果甲组儿童正确率达78%，而乙组只有54%。

五、容易受到不良信息的影响和腐蚀。少年儿童辨别能力差，对外界信息感受能力强，又容易模仿电视上出现的一些消极的东西，如凶杀、酗酒、抢劫和迷信内容的场景，如果家长对此指导分辨得不够，就会产生不良影响，以至走上犯罪的道路。

六、影响孩子的视力和身体健康。过长时间看电视，使孩子缺少锻炼，导致肥胖症。有报道说，过多时间看电视的孩子，胆固醇比那些爱好参加活动的孩子要高，近视眼的比例要大。有些儿童侧视荧光屏，过度劳累右眼，造成右眼视力衰退，一只眼变成"假近视"。

当然，我们并不主张因此而绝对禁止孩子看电视，而是应当加强指导，以充分发挥看电视的积极作用，尽量减少长时间看电视的消极影响。

专家提出指导孩子看好电视的建议

面对高度信息化、科学化、知识化的新世纪，传媒无处不在，孩子的成长因素已经由原来的家庭、学校、同龄伙伴三大因素扩大到家庭、学校、伙伴、传媒四大因素。

电视是媒体的重要工具，如何指导孩子看好电视，专家们提出了以下几点建议：

一、选择内容。播放的电视节目，虽然经过了严格的审查，但有的节目是适合成人看的，不适合孩子看。对此，家长要加以选择。

二、限制时间。现在，儿童电视节目，越来越引人入胜，孩子很容易入迷而不能自拔，家长要按照不同年龄，合理规定孩子看电视的时间。

三、边看边议。家长最好和孩子一起看，并根据电视内容和情节，向孩子提出一些思考问题，引导他们对是与非、善与恶、美与丑进行分辨、评论和思考，从中受到教育。

四、配合学习。配合孩子在学校所学的课程内容，引导孩子利用看电视学到的知识，得到的信息，去加深对课程内容的理解。

五、以身作则。从保证孩子优良的学习环境出发，当孩子放学回家，在进行家庭作业，与同学共同解答难题，设计"小发明"方案，或在吃饭、睡觉的时候，家长最好做到以身作则，不随便开电视机，给孩子学习、思考、休息、会友创造一个良好的家庭环境。

推荐一份家庭使用电脑的《规则》

《21世纪家教新编》一书刊载了一份《家庭使用电脑规则》。这个《规则》是由一小学生家庭通过民主讨论研究制订出来的。现抄录如下，供家长们参考：

一、使用电脑以学习为主，娱乐为辅；

二、电脑放在书房里，没有特殊情况不移位；

三、平时每天使用电脑一般不得超过半小时，双休日、节假日和寒暑假每天不得超过2小时；

四、不论是网上下载的游戏还是买来的游戏软件，都要经过爸爸妈妈审查；

五、未成年人上网要有成人陪同，尽量上适合青少年的网站；

六、不要把有关家庭的信息暴露给网上的陌生人；

七、在网上遇到他人骚扰等麻烦事，立刻与爸爸妈妈商量，如果爸爸妈妈不在家，就立即关闭浏览器；

八、如果使用者违反上列规则，视情节轻重，处以减少使用电脑时间或在一段时间里停止使用电脑的处罚。

鼓励孩子交好小伙伴

人作为一种群居动物，天生就有一种"合群性"。孩子在生命的头三年，已经认识了自己的家庭成员。随着年龄的增长，他便希望扩大自己的眼界，尤其希望与同龄的小伙伴在一起活动，以便在同伴中得到认同。如果孩子从小被剥夺了与人交往特别是与同辈人交往的机会，在成年后进入社会时，就会很难适应社会生活。

学会与人相处应当说是孩子必修的一门学问。古人云："世事洞明皆学问，人情练达即文章。"这说明，让孩子学会一种处世的技能，即能够理解、谅解别人，能与他人合作，并能以合理的方式来解决与他人的纠纷，是很重要的。这种能力的获得，需要孩子从小就进入儿童的小社会，在同伴中得到学习与磨炼。

孩子回到家后，父母不要把孩子关在家里，或紧紧地捆在自己身边，而应当让孩子到户外玩，与邻居的孩子交往。当孩子之间发生纠纷时，父母应尽可能让他们自己来解决。孩子能自己解决问题，就获得了宝贵的经验。

孩子需要小伙伴。只要孩子能多与其他孩子交往，就能克服许多容易产生的毛病，变得更加活泼、开朗、聪明、可爱。

小学生举办"生日宴会"弊大于利

这些年来,社会上兴起学生生日宴会之风,这对满足孩子追求新奇的心理,加深与朋友、同学的感情有一定的好处,但总的看,此举弊大于利。主要弊端有以下几点:

一、助长了孩子大吃大喝,不珍惜父母劳动成果的心理。孩子生日宴会的钱只能来自父母,而父母的钱来得好不容易。

二、浪费了宝贵的学习时间。时间是个常数,用于生日宴会的时间多了,用于学习、用于自我发展的时间就少了。一个班几十个学生,如果生日宴会成了风气,给孩子在学习上、精神上带来很大的压力,特别是对一些贫困家庭的孩子压力更大。

三、腐蚀了孩子健康的头脑。大脑空间也是个常数,用于思考吃、喝、玩、乐的脑细胞多了,用于研究学习、思考小发明、小创造的脑细胞自然就少了,久而久之,

孩子的大脑自然受到腐蚀。

四、挤占了孩子的活动空间。每逢生日宴会,孩子们又是写,又是买,又是比贺卡的大小贵贱,忙得不可开交,使孩子的活动空间受到了很大影响。

孩子的生日,在家里同爸爸妈妈、爷爷奶奶、哥哥姐姐或弟弟妹妹一块,亲亲热热祝贺一下是可以的。比如餐桌上添两个菜,对孩子说几句祝贺的话;鼓励孩子唱一首歌,到附近逛逛公园、书店,购买几本新书,留下生日纪念照等等,这些都会在孩子心目中留下美好的回忆。

少儿异性交往的困惑与对策

有关调查材料显示:现在少年儿童对异性交往的看法日趋独立,他们已不像过去那样渴望得到大人的认可,也很少再与人们探讨友谊与恋情的区别。因为他们认为大人几乎不会理解和支持他们的异性交往活动,所以他们便采取背着家长的方式。但是,社交技巧的烦恼不少。例如:"我对邻班的一位男生有好感,我该如何表达呢?""我的朋友喜欢的一位女同学,我也喜欢,怎样才能处理好我们之间的关系呢?"

造成少儿异性交往问题增多,并形成所谓"早恋"倾向的原因是多方面的。

首先是来自多种媒体的影响。报纸杂志、电视广告、歌曲录像,有关爱情的信息铺天盖地;

其次是紧张枯燥、繁重而单调的学习生活,使他们想在感情世界里获得一些色彩;

第三是性生理发育年龄提前,也使异性交往的兴趣低龄化;

第四是独生子女由于从小身边没有兄弟姐妹,感到孤独,渴望与同龄、同兴趣的同性与异性交往。

面对这些状况学校和家庭教育却显出其迟钝的一面。教师和家长对孩子的异性交往常常缺乏处理对策,不是遮遮掩掩,避而不谈,就是简单粗暴,硬行禁止。这就越发引起孩子们的好奇心理和逆反心理,非但于事无益,反而会造成不良的反效应。而用"早恋"这样的概念给孩子的异性交往"贴标签"的做法,更是教育引导的大忌。

针对上述情况,对孩子异性交往必须采取如下对策:

一、家长对孩子与异性同学的交往应保持一份平常心。以一种朋友的身份教孩子珍视异性同学间的友谊,珍惜青春年华,珍惜美好生活,珍惜学习的"黄金时代"。

二、家长应鼓励孩子扩大友谊范围,积极参加学校组织的郊游参观、文体比赛、义务劳动等各种集体活动。在活动中与异性同学往来这是正常现象,不要大惊小怪。

三、孩子的异性同学偶尔来家里作客,家长应热情接待,不要给异性同学脸色不好,弄得孩子难堪,损害孩子的自尊心。

四、如果发现孩子与异性同学经常在一起,家长应以尊重、理解的态度,耐心和孩子谈心。如果发现有"早恋"倾向,家长也不能粗暴,应向孩子说明早恋的害处,鼓励孩子做一个意志坚强、目光远大、大有作为的人,同时,要求孩子珍视男女同学间的正常友谊。

五、要求学校开设"人际关系指导课",倡导正常的异性交往和纯真友谊,这对于消除少男少女人际交往中的困惑与疑问,预防异性交往中越轨事件的发生起到积极作用。

"压岁钱"的管理不可掉以轻心

每逢年关,家长将从一年繁忙的生产、工作中得以解脱。按照悠久的历史风俗习惯,人们到年关,生活交往中开始显得大方、潇洒,不再吝啬了。特别是长辈给孩子的压岁钱更是如此。然而,如今压岁钱的金额发展之快不能不让人深思、忧虑。

应当承认,在人们生活水平不断提高的今天,拿出几十元、甚至几百元不再是难事。但对正在接受教育的孩子来说,过早地接触大量的金钱是很危险的。如果引导不当就会使孩子心灵受到污染,甚至步入歧途。当然,适当的"压岁钱"也无可非议,但这就要求当父母的要正确引导孩子对"压岁钱"的认识,或让孩子把"压岁钱"积蓄起来,用在学习、生活上。如果孩子是用在不正当的地方,要说明害处,这样,才不至于损害孩子的身心健康。

有一些父母很不注意对"压岁钱"的管理,一旦孩子在长辈中得压岁钱多,便任意由孩子开支。由于孩子对长辈所付出的辛劳没有一个正确的认识,认为钱来得容易,因此出手也就大方。不是用在交朋友、讲哥儿们义气上,就是用在玩乐、乱吃乱喝上,久而久之,养成用钱大手大脚的坏习惯。一旦钱不够用,有的就问父母索要,甚至还有的去小偷小摸,在这样一个恶性循环圈内生长,势必导致孩子步入歧途,最终走上犯罪的道路。

由此可见,父母对"压岁钱"的管理不可掉以轻心。一般来说,可以鼓励和引导孩子作这样的合理安排:

一、让孩子把钱存进银行,待以后确有需要的时候取出来使用;

二、购买必需的文具用品和学习资料,订阅报纸杂志;

三、用于集体外出参观旅游活动,做社会调查;

四、给爷爷、奶奶、爸爸、妈妈生日买点小礼物,培养孩子尊重长辈、孝顺父母的良好品德;

五、引导孩子为灾区希望工程献一份爱心,逢年过节给邻居的贫困户、孤寡老人送点慰问品等等,这样,有利于培养孩子的慈善心和社会责任感。

消费教育不可忽视

在现实生活中，一个真正成熟的成年人，在家庭和个人生活中，总是善于正确对待和处理"钱"的问题，这包括对钱与劳动、钱与生活、钱与商品、钱与道德的关系的正确认识，以及养成量入而出、勤俭节约、计划消费、适当积累等良好的习惯与品质。这一切是从儿童时代逐步接受教育、培养的结果。因此，面对当前少年儿童的高消费和攀比风，重视对孩子消费教育，引导他们正确使用零花钱，是家庭教育的一项重要内容，也是少年儿童社会化过程中不可忽视的一个重要课题。

给孩子零花钱并指导孩子学会使用零花钱是一个教育过程。应该懂得：给钱不是为了简单满足孩子的需要，这是教育、培养孩子学会做人的一个途径。孩子花钱，最开始以满足物质与精神两方面的需要。这两方面需要一般是有高下层次之分的。对年龄较小的孩子，我们是否可以在带他去买水果、糖块时，让孩子也像古代孔融让梨那样，也让一让"梨"，引导他们先分给爷爷奶奶，再给爸爸妈妈，最后才是他自己。这比空头说教好得多，在一家人的夸赞中，尊敬老人、先人后己这些良好品德便潜移默化地播进了孩子幼小而纯洁的心田。对小学中年级以上的孩子，家长就应从高层次的精神需要方面进行引导，教他们尽量把零花钱积攒起来，用在买书、订报、发展正当兴趣爱好、参加有益的活动(如为"希望工程"捐赠)等方面。

父母给孩子多少钱,应以基本满足他合理需要为"度"。失去了"度",孩子就容易挥霍浪费,不利于他们从小养成艰苦朴素的作风。随着孩子年龄增长,独立意识、自主意识逐渐增强,钱可适当增加,前提是必须了解"合理"需要及使用情况。家长要具体指导他们学会计划用钱,及时表扬他们的节约行为,鼓励孩子锻炼、提高自我控制能力。

父母是教会孩子如何理财的最佳教师。很难想象一个挥金如土的家长会教育出一个善于理财的孩子。做家长的必须给孩子做出好样子,也应讲经济民主,这对密切家庭关系,培养孩子的好习惯、好品德很有好处。

"劳其筋骨"的逆境效应

　　和平学校的张老师在暑假收到一封来自农村的信,拆开一看,信是学生王坤写的。王坤在信中对往日的无知和顽皮作了一番检讨后,写道:

　　"在这里我除了上学,还跟随叔叔上山打柴、下地除草,星期天还与表弟一起去放牛。这里只有粗茶淡饭,但我从中体验到了生活的艰辛和奋斗的苦乐,我为自己的过去感到羞愧。老师,我一定会珍惜美好时光。"

　　想不到这个全校闻名的捣蛋鬼,居然能有这种变化。上学期,王坤是年级的"四大金刚"之一,逃学、打群架、串班、敲诈小同学,无所不为且屡教不改。学校在多次行政处分无效的情况下要将其除名,张

老师想了很多:推出校门,自己是轻松了,但王坤将从此失去改错的机会,还可能给社会造成不安定因素。王坤问题的根

源在于娇生惯养，仗着身强力壮欺侮同学，不如让他到农村接受锻炼。张老师设法想到的这一招果然见效，他当即给王坤写了一封信，欢迎他新学期回班上课。

这个事例给我们的启示很多，常常听到不少家长和老师抱怨孩子恃宠放纵，好吃懒做，受不得苦，更严重的是有的孩子动不动就拿脸色给父母看，有的离家出走。究其原因，大都与从小娇惯，没有经过艰苦生活的磨炼有关。总希望孩子生活得好一些，要么宠爱有加、放肆娇惯；要么简单粗暴、斥责鞭挞。他们关注的往往只是孩子的学习成绩，一旦学习成绩不好，就如临大敌。而孩子一旦做出有悖于公德或损人利己的坏事，就大事化小，小事化了，至于家务劳动，根本就不让孩子插手。

著名作家巴金说得好："教育孩子，首先要教他们做人，做一个真实的人，还要让他们学会料理生活，这是基础教育，而后开始知识教育。"从不少有成就的人的成长经历看，大都在童年、少年时代经受过严格的教育，在逆境中锻炼成长。今天生活在和平环境中的孩子们，父母也应该让他们居安思危，有意识地让孩子过一过艰苦生活，刻意安排一些逆境，劳其筋骨，让他们经受磨炼，吃些苦头，这对他们的健康成长和将来的有所作为是极为有利的。

家务劳动是孩子的一门"必修课"

家务劳动一般不是"生产性"的劳动，也不是"商品性"的劳动，不以创造利润为目的。家务劳动是维持家庭生活、提高家庭生活质量，保证人类家庭生存必不可少的劳作活动，是一种伦理道德范畴的劳动行为，是每个家庭成员对家庭应尽的义务与责任。中国有句古话："一屋不扫，何以扫天下。"如果一个人连参与家务劳动的义务感和责任感都没有，那怎么谈得上对社会、对国家的义务感、责任感呢？

美国哈佛大学的一些社会学家、行为学家和儿童学家，对波士顿地区 465 名少年儿童所做的长达 20 年的跟踪调查发现，小时候，爱干家务活的孩子与不爱干家务活的孩子相比，长大后的失业率为 1:15，犯罪率为 1:10，平均收入要高出 20%左右。看来参不参加家务劳动，参加家务劳动多少，对孩子一生的发展有重大影响。

据调查：我国城镇中小学生中，大约有 50%的孩子根本不参加家务劳动，或者平均每天家务劳动时间只有 10 分钟左右。而外国中小学生每天参加家务劳动的时间就不大一样，美国为 1.2 小时，泰国为 1.1 小时，韩国为 0.7 小时，英国为 0.6 小时，日本为 0.4 小时，法国为 0.5 小时。我国中小学生不仅参加家务劳动的比例小，而且参加劳动的时间比外国少得多。不少孩子仍然在家里过着"饭来张口，衣来伸手"的寄生生活。

解决孩子参加家务劳动的问题必须从三方面着手：

一、家长对孩子参加家务劳动的道德价值要有高度的认识。鼓励孩子参加家务劳动不是家长偷闲，把劳动负担转嫁到孩子身上，而主要是对孩子进行劳动教育，培养热爱劳动的思想，热爱劳动的习惯，吃苦的精神和克服困难的意志。有了这种良好的品质，对他们的学习以及未来的工作、生活、事业都会产生积极的作用。

二、广大教师应把家务劳动看成是学生道德教育的一个重要内容，是道德行为的一种实践活动。要千方百计减轻学生学习负担，减轻家庭作业的分量，让孩子从繁重的"题海"中和死记呆背，重复作业中解放出来，保证有足够的时间参与家务活动。

三、要激励孩子在家务劳动中展现自我，懂得通过学校一天紧张的学习之后，回家参与家务活动，这是体脑交替，手脑并用，劳逸结合，书本与实践结合的一种最佳选择，又是锻炼手的功能，开发脑的潜能的重要途径。

"劳动光荣，技能宝贵，创业伟大"，这些当代名言，让孩子们在实践中加深体验。

一个美国孩子的家务劳动清单

在美国,孩子不论年龄大小,都是重要的家庭成员,所以告诉孩子他们在家庭中应该承担起责任是很重要的,而承担家务则是最好的方式。不同年龄的孩子可以做哪些家务劳动,下面是一个美国孩子的家务清单:

9-24个月:可以给孩子一些简单易行的指点,比如让宝宝自己把脏的尿布扔到垃圾箱里。

2-3岁:可以在家长的指引下把垃圾扔进垃圾箱,或当家长请求帮助时帮忙拿取东西;使用马桶;刷牙;浇花(父母给孩子适量的水)。晚上睡前整理自己的玩具;帮妈妈把衣服挂上衣架。

3-4岁:更好地使用马桶;洗手;更仔细地刷牙;认真地浇花;收拾自己的玩具;喂宠物;到大门口取回当天的报纸;睡前帮妈妈铺床,如拿枕头、被子等;饭后自己把盘碗放到厨房水池里;帮助妈妈把叠好的干净衣服放回衣柜;把自己的脏衣服放到装脏衣服的篮子里。

4-5岁:不仅要熟练掌握前几个阶段要求的家务,而且能独立到信箱里取回信件;自己铺床;准备餐桌(从帮家长拿刀叉开始,慢慢让孩子学着摆盘子);饭后把脏的餐具收回厨房;把洗好烘干的衣服叠好放回衣柜(教给孩子如何正确叠不同的衣服);自己准备第二天要穿的衣服。

　　5-6岁:不仅要熟练掌握前几个阶段要求的家务,并能帮忙擦桌子;铺床、换床单(从帮妈妈把脏床单拿走,并拿来干净的床单开始);自己准备第二天去幼儿园要用的书包和要穿的鞋,以及各种第二天上学用的东西;收拾房间,会把乱放的东西捡起来并放回原处。

　　6-7岁:不仅要熟练掌握前几个阶段要求的家务,而且能在父母的帮助下洗碗盘,能独立打扫自己的房间。

正确指导孩子参与比赛

孩子们争强好胜，最喜欢与人比赛。常见小伙伴之间比赛画画、折纸、跑步、搭积木，跟爸爸、妈妈比赛穿衣、吃饭等等。但由于知识、经验的缺乏以及思维能力的限制，不少孩子在比赛时出现了一些不良的心理和行为。对此，做父母的要适当地进行指导。

一、帮助孩子选择良好的比赛内容。比赛可以促进孩子努力进取，但如果比赛的内容不健康，反而会使孩子产生不良心理。例如，两个孩子"斗阔"，一个说："我爸爸是局长"；一个说："我爸爸是县长"；一个说："我有'火车'"；一个说："我有'坦克'"。这些比赛就非常庸俗浅薄，只会增强孩子的虚荣心、权力欲。有些比赛也不够安全，容易造成伤害。如吃饭、打架比赛等。因此，父母要帮助孩子选择一些有益于身心健康，又卫生、安全、富有情趣的竞赛活动。

二、培养孩子很好的竞争意识。家长要利用孩子争强好胜的心理，鼓励他们参与竞争。要使孩子从小就树立起良好的竞争意识，懂得竞争的目的是为了共同的进步，不是为了显示自己而贬低别人。

三、引导孩子树立良好的竞争行为。家长要对孩子进行有关的品德教育、文明行为的教育。要让孩子懂得公平竞争和要取得胜利全靠自身努力的基本道理。至于在竞争时采用一定的策略和计谋，这只是参与竞争的技巧问题，应凭着自己的聪明才智和优秀人格成为竞争

的强者。

四、指导孩子学会良好的竞争方法。如何才能在竞争中获胜，除了有一定的勇气以外，还必须掌握一些比赛的方法，包括比赛的程序、比赛的规则、规定、比赛中获胜的技巧等等，这使孩子在参与比赛中能发挥自己的聪明才智，发挥自己的优势，抓住时机在竞争中获胜。

五、指导孩子进行比赛后的心理调适。比赛充满竞争，有胜利者，也有失败者。对于比赛胜利的孩子，要注意抑制孩子骄傲自满的情绪，帮助树立更高目标，同时还要教他正确对待失败的伙伴。对于失败的孩子，父母要帮助分析原因，鼓励其奋发努力，争取在下一次比赛中获胜。切不能用"无用""没出息"等消极的带有讽刺的语言来贬低孩子，以避免伤害孩子的心灵，使其失去竞争的勇气。

赵大叔引着女儿走上"演讲台"

邻家赵大叔的女儿赵海叶，生来胆小、害羞、性格内向。放学回家，总是闭门作业，不出房门，就是在路上遇见亲戚长辈，也是头一低、身子一扭、脚步加快、躲躲闪闪走过去了，而且对旁人的问话，也常常不好意思回答。

去年暑假后刚一开学，学校要竞选少先队大队长，开始海叶很犹豫，嘴边常常挂着一句话："我能行吗？"赵大叔夫妻俩总是异口同声地鼓励："你能行！你能行！"还用录像机录了一段电视台的《挑战主持人》节目，与海叶一起观摩。几天后，女儿的信心增强了，还写出了竞选的发言稿。为了增加女儿的临场经验，赵大叔又邀请家人模拟召开了一个竞选大会。女儿表现得还不错。兴奋过后，女儿偷偷拉着爸爸的衣襟，轻声地说："爸爸，瞧着你们这些人我不害怕，可面对学校的领导、老师和同学

们,我肯定会胆怯的!"看来,要让女儿彻底与胆怯告别,还得下一番工夫。

竞选的前一天晚上,赵大叔斩钉截铁地给女儿打气,说:"上台发言犹如上战场打仗,'狭路相逢勇者胜'。上战场讲究'一鼓作气',关键时刻,你绝不能退缩!"赵大叔还答应第二天请假到竞选现场为女儿加油鼓劲。

竞选大会如期举行。女儿落落大方地走上讲台,满怀激情的演讲获得一片掌声,最后综合得分列第二名。赵大叔立即迎上前去,忙安慰女儿:"结果并不重要,贵在参与!"谁知女儿笑嘻嘻地回答:"下次我还要参加竞选,因为我感觉我能行!"

从此以后,女儿变得活泼多了,真让全家人高兴。赵大叔深有感慨地说,引导孩子迈过心理那道"坎",让孩子体验到"自己能行!"这就要靠"引之有心、引之有道、引之有方"呵!

家长与教师间要做到
"四要""四不要"

　　教育学生,需要家长与教师相互配合,这是公认的。但实际上,有的家长、教师之间却配合得并不那么理想,甚至有的还互相埋怨,影响到学生的教育。要想做到家长、教师之间协调一致,充分发挥家庭教育与学校教育相辅相成的作用,必须做到"四要""四不要":

　　一、要密切协作,不要形成对立。如有的教师为了促进学生全面发展,开拓学生视野,开发学生智力,鼓励学生开展课外阅读,参加科技和文体活动;而家长为了要孩子升学或考上重点学校,硬是要求死啃书本,偏不让孩子读课外书籍,孩子参加科技或文体活动反而受到责难。有的教师为了减轻学生负担,少布置或不布置家庭作业;而家长却以为教师图省事、不负责,便自行布置作业或另行加码,逼着孩子在家里完成。这就要求教师和家长必须在改革教育思想的基础上,在质量观、人才观等方面求得共识,以便协调教育行为。

　　二、要统一要求,不要各搞一套。有的教师教育学生:"说老实话,做老实人";有的家长却说,"老实人吃亏""老实人受欺"。有的教师要求学生讲礼貌,上学或外出都要向家长打个招呼;而有的家长对此却很不耐烦,说什么"家不叙常礼""多此一举"。因而学生只好在家里是一套,到学校则是另一套。如此下去,轻则会影响教育效果,重则会使学生养成见什么人说什么话的坏习惯。

三、要互相支持,不要彼此埋怨。有的家长平时对学生不问不管,遇到孩子考差了或出了差错,便责怪教师不负责任,没有教好,甚至还要求转学转班。有的家长为孩子读书选班级和挑教师,弄得教师与家长之间很不愉快。有的教师则埋怨孩子的家长素质差,教育差,不愿收留孩子。这样,双方自然很难心往一处想,劲往一处使。

四、要经常沟通,不要不相往来。有的家长和教师却强调工作忙,平时不来往,一旦学生出了事,教师或登门告状、或"召见家长";而家长则指责教师、质问学校。这不仅不利于分析学生情况和研究补救办法,反而会把事情弄僵。所以,家长与教师应尽可能经常接触,研究学生心理,商讨教育办法,彼此沟通思想,进而增进了解,融洽感情,这样才能在教育思想和教育方法上有更多的共同语言,发挥更大的合力。

注意网络安全,提高自我保护意识

网络本身是现代文明进步的一个标志,但网络之中也包含着许多不文明、不健康的东西,如黄色、暴力、虚假信息等等。在孩子上网问题上,家长要给予正确指导,宜疏不宜堵,让孩子更好利用网络、扩大知识面,争当"网络文明使者",使孩子逐步懂得,网络可以改变我们的学习、生活和工作方式,但绝不能改变我们对"真、善、美"的追求。因此,在孩子中开展网络安全道德教育,增强孩子的自我保护意识十分必要。

在网上,不要随意出示确定身份的信息,如姓名、性别、年龄、家庭住址、家庭电话号码、信用卡号码、家庭经济状况等。如需出示,一定要得到家长同意。

当陌生的异性网友提出见面时,一定要警觉,不要单独见面或单独行动,如果认为确有非常必要时,则必须有家人或年龄较大的朋友陪同。

如果你收到带有脏话、攻击性、淫秽、威胁、暴力等信件或信息时，不要回复它。不要打开来自陌生人的电子邮件或文件，因为里面可能包含计算机病毒或冒犯性的材料。

要控制孩子上网的时间，只能在不影响正常生活、学习的情况下使用网络。

网络也是一把双刃剑，它既是孩子学习知识、获取信息、交流思想、开发潜能和休闲娱乐的重要平台，也可能是孩子误入歧途，损害身心健康的工具。因此，学校、家庭、社会都应该引起警惕与重视，加强孩子的网络安全教育，帮助孩子树立网络安全与道德意识，切实提高孩子的自我保护意识，防止孩子上网成瘾，让他们在网络信息时代健康成长。

怎样培养孩子的社交能力

一位阿拉伯哲人说：一个没有交际能力的人，犹如陆地上的船，是永远不会漂泊到人生大海中去的。可见，社交能力，是人们适应社会生活、社会环境的基本生存能力。

纵观 21 世纪，生产将高度社会化，不仅国内各行业、各地区之间相互联系、交往日益频繁，而且各种形式的国际交往、跨国产业集团都将大发展。适应这种趋势，人们必须具备很强的社会交往能力，这就要从小加强培养。

一、在日常家庭生活中培养孩子心中有他人，尊重人、关心人、乐于助人的品格。从小培养有礼貌、谦让、容人的行为习惯，家长要以自身的行动带着孩子处理好家庭邻里关系，养成友爱互助、热心公益、谦逊、诚恳待人的好品德。

二、在游戏中练"合群心"，学"角色规范"。孩子们爱玩"角色游戏"，模拟社会生活，在游戏中他们觉得自己变成了大人，满足自尊感、成人感的需要，又可以随心所欲表现自己。游戏有来言去语，提供许多道德情境，在玩中孩子们信守诺言，遵守规则，练出说话、合作、讲理、互助等本领和品质。即使"吵"起来，只要不出事故，也无须大人"裁决"，让孩子们练着平等竞争、自己独立解决纠纷，也是一种交往能力的锻炼。

三、在班、队集体中学过民主生活。家长要鼓励、支持孩子关心学校、关心集体、关心他人、热爱少先队。要支持孩子担任社会工作,接受为人民服务的锻炼。还要教他们尊重集体,发现别人的长处,学会民主商量办事;同时,也正确认识自己,勇于承担责任,发挥特长,为大家办事,勇当志愿者。

四、扩大交往圈,在社会交往中长才干。在我国发展社会主义市场经济的大背景下,绝不能把孩子们囿于校园和家庭的狭小天地之中,而应及早扩大孩子的社交圈,让他们接触社会,参与真实的社会生活。见世面,长见识,学习辨别是非、美丑,也学习用法制眼光看人、处世,维护法律,学习用法律武器保护人民利益和自我保护。鼓励孩子们在参加社会实践、勤工俭学活动中"交大朋友",跟各行各业的劳动者、科技人员交朋友,从中学做人、学本领。俗话说得好:"财富不是永远的朋友,但真正的朋友,却是永远的财富。"

五、学习交往艺术,多方面提高素质和修养。既要遵循社会主义的人际关系准则,如平等、真诚、互利、讲信用、守法制、通人情、宽容、谦逊、热心助人;又要有丰富的文化知识和审美修养;还要有良好的社交心理,如活泼开朗,善与人同,积极进取,忍受挫折,心胸宽阔,具有自我调适情绪的能力等;并且练好语言表达能力和非语言表达的交际能力。有人总结了"交谈成功四要素":一要诚恳、尊重人;二要专注、有热情;三要敏锐、多思考;四要丰富、有哲理。

帮助孩子在人际交往的"大海"中展示风采,这是丰富孩子课外生活,提高交往能力的有效方法。

·第三章·

保护孩子"异想天开"的好奇心态

"小爱迪生孵蛋"的故事
告诉我们什么

爱迪生幼年时，曾仔细观察过老母鸡孵小鸡。出于好奇，小爱迪生偷偷摸了几个鸡蛋，在楼梯下的角落里，一本正经地孵了起来。吃饭时，爱迪生的妈妈怎么也找不到他。当母亲问明白了一切后，并没有训斥他，而是认真地向小爱迪生解释为什么老母鸡能孵出小鸡，满足了小爱迪生的好奇心，保护了他的求知欲望。正由于爱迪生的各种好奇心，不论他问什么天真的问题，父母都耐心地用他能听懂的语言给以恰当、正确的回答，所以小爱迪生的好奇心就愈加广泛，对探究自然界的各种奇怪现象的愿望越来越强烈，为他以后的发明奠定了基础。

而今我们时常可以看到年轻的父母因孩子搞坏了玩具而加以斥责、打骂，这只能导致儿童好奇心的泯灭。伟大的教育家陶行知先生就曾经批评过一位因儿子拆坏了手表而把孩子揍一顿的父亲，"你把中国的爱迪生枪毙了。"

要保护、激发儿童的好奇心,首先要求教师和家长要保护儿童这种积极的探究愿望,认真回答他们因好奇所提出的各种问题,绝不能置之不理,更不能责怪孩子啰唆。对他们观看、摆弄物体的举动,也不要怕弄坏东西而粗暴地制止,而要尽量提供方便,尽可能使其求知欲得到满足。

其次,由于儿童的好奇心往往缺乏明确的目的性,父母、教师要善于把好奇心引向应该注意的对象上去。如大自然的变化、动植物生长、物体的构造等。

其三,向儿童提供能引起观察和探索愿望的情境,并提出难度适中而富于启发性的问题,引导他们自己发现问题和寻求答案,以唤起他们进一步探究自然界奥秘的兴趣,增强对周围世界的好奇心和探索愿望。

有专家指出:童年,是人生最"神奇"的阶段,孩子童年的秘密,童年的伟大,还远远没有被人们发现……

怎样培养孩子对科学的兴趣

兴趣,是孩子积极认识某种事物或关心某种活动的心理倾向,是一种带有情绪色彩的活动。"兴趣出勤奋,勤奋出天才"。孩子对某种活动有了兴趣,他们就会有炽热的追求和渴望。作为家长,不要只让孩子死读书,而应在学习之余,积极引导孩子走向大自然,了解大自然,培养孩子对科学的兴趣爱好,以适应未来世界的需要。

一、根据孩子好玩的特点,带领孩子参加一些丰富多彩的社会实践活动,让孩子在实践活动中发展对科学的兴趣。比如带领孩子到图书馆去看一些科技方面的书籍,参观科技馆、少年宫的小创造、小发明,观看科技方面的少儿节目,讲科学家的故事,指导孩子小制作,鼓励孩子参加各类小创造、小发明、论文竞赛活动,都可以培养孩子对科学的兴趣。

二、根据孩子好奇的特点,努力联系身边千奇百怪的自然现象,激发孩子对科学的兴趣。在孩子的生活实践中,如开水瓶瓶塞为什么会蹦起来? 体温表为什么会测体温? 瓶子盖打不开,为什么用热水一烫就能拧开? 水泥马路地面为什么要留缝? 对于这些有趣的问题,家长不应该厌烦孩子的提问,而应耐心地鼓励孩子去发现,启发孩子动用已学的知识去解答,帮助孩子去查阅资料共同寻找答案。这样,孩子就不会感到科学是远离我们遥远的东西,相反,还会促使他们产生新的需求,努力学习新的科学知识,便于去解决这些有趣的问题。

三、根据孩子好动的特点,鼓励孩子积极动手开展小制作和小实验,以培养孩子对科学的兴趣。"十指连着脑,心灵须手巧","知行合一,手脑并用",这是开发大脑潜能,培养孩子科学兴趣的金钥匙。家长应尽量创造条件满足孩子实验时的需要,并了解孩子所学的课文内容,主动为孩子准备实验、制作材料;鼓励孩子独立实验,适当时候给予帮助指导,尽可能使孩子获取实验成功的快乐。

四、开展自然研究活动,发展孩子对科学的兴趣爱好。小学自然课留有大量的课外自然研究活动。例如学习《青蛙和蟾蜍》一课,就可以帮助孩子饲养蝌蚪,指导孩子观察、研究蝌蚪的生活习性、成长过程等;学了《鸟》一课后,鼓励孩子饲养鸽子;学了《植物的繁殖》,指导孩子学着在家种花。这样既巩固了孩子在校学过的知识,又增长了孩子饲养、栽培的兴趣,促进了孩子对科学的爱好。

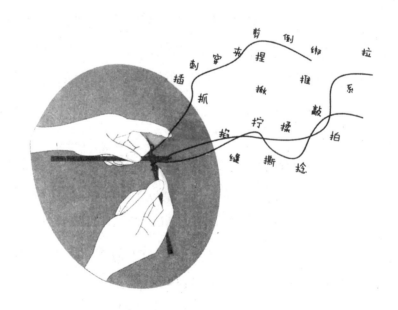

帮助孩子在年少时找到自己的兴趣

2015 年,《朝闻天下》播放了哈尔滨工业大学小卫星学生团队研制成功的"紫丁香一号"小卫星放射升空成功,引起了国内外各方的特别关注。而这个项目的负责人就是黑龙江省鸡西市十八中学一位化学高级教师韦文斌正在哈工大航天学院读研究生的儿子韦明川同学。

消息传开后,周围的人纷纷走来向韦老师求教,问他有什么教育儿子的秘密。韦老师说,作为一个教师有"双重"责任:一是为国育才;二是为国教子。孩子取得的每一点成绩都是在导师指导和帮助下,得益于哈工大浓厚的创新气氛。在孩子身上,我们只做了一些很平凡的工作:

一、在儿子年少懵懂时期帮助他找到了自己的兴趣,并鼓励他以兴趣为终身的奋斗目标。

儿子小时候与其他同龄小朋友没有大的差别,我和孩子妈妈也曾送他到美术班、书法班学习,尽管在市里举行的比赛中也获得了一些奖项,但是在我看来,儿子的天赋不在用线条、色彩表现世界,而在于他的想象力和动手能力。这种对儿子天赋的判断很快得到了印证:刚上小学的儿子就爱上了做模型,虽然开始只是做一些纸质、木质的模型,却为他后来的成长打下了很好的基础。

爱动手肯学习的儿子得到了全家的支持。五、六岁时,《十万个为什么》等知识类的书籍就成了儿子的最爱。上小学后,孩子妈妈出差给他买了一套浙江教育出版社出版的《中国少儿百科全书》。儿子实在太爱这4本厚厚的大书了,有时间就坐在椅子上、床上甚至地板上痴迷地翻看,遇到不懂的就问。当时家里还没有电脑,超出知识范围的,我和孩子妈妈就一起翻书帮助儿子找答案。有时正在吃饭,儿子的问题我们不知道答案,就放下碗筷一起查书,非找到答案不可。结果常常是饭菜凉了需要重热,可是全家一起探求知识的经历,却是对孩子求知欲最好的鼓励。

二、鼓励儿子动手尝试科技创作,让他进一步走向通向科学的阶梯。

我是一名化学教师,30多年的一线教学和辅导特长生的经验,使我对孩子科学精神的培养有一些心得。在发现儿子有动手制作模型的爱好后,为了让他进一步走上通向科学的阶梯,我就逐渐向他渗透一些物理、化学知识,带他做一些小实验。当看到物理仪器或化学实验呈现与日常生活不同的视觉体验时,儿子的眼睛睁得大大的,兴奋极了。

印象最深刻的是,一次我看见路边上有一台废弃的验钞机,觉得儿子一定会喜欢,就把它拣回家。儿子迫不及待地把验钞机拆开,发现了一个黄豆大小的电子元件,就对我说:"爸爸你看,这个电子元件是光敏电阻。"我问:"光敏电阻有什么特性呢?"他说:"在光的照射下,一般光敏电阻的阻值会迅速减小。"然后他拉着我的手说:"爸爸,您帮我买一段两米长的导线、一个开关、一个小喇叭、两节电池,行吗?"我抚摸着他的头说:"爸爸明天一定给你买回来。"第二天,我买了他需要的东西,他接过来说声谢谢就忙回到自己的房间。第三天凌晨4点左右,正在梦中的我突然被"你好,请开门"的声音叫醒,原来儿子放置在窗台上连接好的电路导通了。顿时我们都没有了睡意,全家人兴奋地分享儿子第一个电子作品带来的快乐,那场面至今记忆犹新,那一年儿子8岁。

这次电子门铃制作,激发了儿子电子制作的兴趣,从此他成了电子商店的常客,零花钱几乎都花在那儿了。亲属的几个老式收音机也成了他的宝贝。我和他妈妈去出差,没时间逛商场买衣服也要去电子商城,一家一家去淘儿子需要的电子元件,他的小房间堆满了万用表、电钻、电烙铁、频率计、电路板等工具、电子元件和仪器。小学四年级,儿子对航天技术十分感兴趣,每次到书店都要看看有没有航天方面的好书,看到了就一定要买回家。上初二时,元旦前一晚他从19点起就一直在晒图纸上专心致志地画自己设计的电路图,直到新年钟声响起才完成。当时我们都惊呆了:他的电路图完全可以与专业的工程师相媲美。儿子上初三时我们家购买了电脑,他就自学用电脑软件来进行电子设计了。

三、"做中学",培养儿子创新能力,为他插上一双飞翔的翅膀。

爱科学给儿子带来了小小的成绩,他初三时设计制作的"新型旅行箱防盗报警器",荣获第二届"争当小实验家"全国少儿体验活动决赛国家级金奖,参加初中、高中全国物理竞赛均获得了鸡西赛区第一名的好成绩。高考获得哈工大自主招生加分,以高分考入哈工大电子信息工程专业。

从蹒跚学步的小童,成长为一个高科技技术项目的学生负责人,儿子的成绩不是一蹴而就的,是我们十几年来一直着力培养孩子动脑、动手、创新能力结出的善果。偶然间读到教育部前副部长韦钰同志倡导"做中学"的理念,与我的做法不谋而合。我的实践,是一位父亲用自己擅长的方式为儿子诠释世界,同时也为儿子开启他人生的一种可能性。

我在阅读《杰出科学家的少年时代》一书时发现,每一位杰出科学家的少年时代都是有浓厚兴趣的。压抑孩子的兴趣,就等于毁灭了他未来杰出的可能。尤其从钱学森的成长过程可以看出,少年阶段最重要的是培养兴趣。培养出伟人的父母和老师,未必有高深的知识和学问,关键是要有一双发现孩子兴趣、看到孩子未来的慧眼。

一个孩子小的时候没有兴趣,长大后就会很平庸。智慧的父母请仔细观察你的孩子,努力了解你的孩子,用具体行动来落实你对孩子的爱,用默默陪伴来阐释你的爱,用战略眼光来翻译你对孩子的爱。用你发现的眼睛,为孩子开启人生的可能性,为孩子插上一双飞翔的翅膀。

提高孩子学习功课的兴趣

著名科学家爱因斯坦说过："兴趣是最好的老师。""好"就好在它对人们的学习与创造产生巨大的推动力。如何提高孩子学习功课的兴趣？

一、**使孩子及时尝到学好功课的滋味**。如果孩子语文好，数学差，则让他先做语文作业，再做数学作业。否则，不但数学做不好，连语文也不会进步。在做数学题时，应由易到难，逐题练习，以增强学习信心。

二、**不要强迫孩子学习他不爱学习的科目**。如果逼得太紧的话，孩子会焦躁不安，潜意识产生反抗情绪，甚至会把学过不久的知识全部遗忘。

三、**对取得学习功课的成果精心策划赞美之辞**。教育家颜元早提出："数子十过，不如奖子一长"。实践证明，适时的称赞会起到很大的激励作用，过多的批评则会使孩子情绪低落。

四、**不要随意拿别人功课作比较**。如果老拿别人作比较，孩子会产生讨厌心理，不自觉地放弃进取。

五、**做功课时间不可过长**。做功课时，中间一定要有数分钟休息，让孩子舒展筋骨。如果功课做得好的话，不妨给他一点小奖励。

六、**孩子做功课，父母不要包办代替**。如果孩子真正有困难，父母

也要采取积极的态度去启发他独立思考。让孩子知道，做功课是他自己的责任，不要依赖他人。

七、给孩子创造良好的学习功课环境。如果条件许可，要腾出一间房来做孩子的书房，让他可以不受干扰而安心做功课。

如果家里房间不够用，可在客厅一角安放孩子独用的书桌和椅子。孩子对这角落有了归属感和认同感，做功课时会更加专心。

八、父母要做孩子读书学习的榜样。"事有所成，必是学有所成；学有所成，必是读有所得。"在社会不断发展进步，科学日新月异的年代，不努力读书学习，知识就会老化、思想就会僵化、能力就会退化。通过读书学习来增长知识、增加智慧、增强本领，这是一个人成长、进步的内在要求，是文明家庭提升文化境界的必经之路，是年轻父母能否称职、有为、胜任的重要标志。对此，我们必须有深刻的认识。

善于"记忆"也要善于"遗忘"

记忆是人的智力活动的仓库。

人们都抱怨自己的记忆力不够用,确实,人的记忆力是有限的。据有人估算,一个常人的记忆潜力,可以通晓 6 种外国语,掌握 3 个大学的教学大纲,记住百科全书的 10 万篇文章。但一般人只利用了自己记忆潜力的 30–40%。

如何利用好自己的记忆力?除了用科学的方法来培养外,有一条也是很重要的,那就是善于"遗忘"。

有人问爱因斯坦:"声音的速度是多少?"他回答说:"必须查一查辞典才能回答,因为我从来不记辞典上已有的东西。"他还说:"人们解决世上的所有问题,是用大胆的思维能力和智慧,而不是搬书本。"

爱因斯坦这番话不无道理。有所失,才有所得;有所遗忘,才有所记忆。只有善于自觉地把某些内容弃之脑外,方能在大脑里腾出空间保证那些该记住的内容存入脑内;只有放弃一些死的知识,才能使自己的头脑轻松地去思考,让思维在知识的海洋里展翅翱翔。

记忆对儿童学习文化科学知识有直接作用,以下一些方法,有助于提高记忆能力:

一、调动多种感官参与活动。如视觉、听觉、嗅觉、味觉、触觉参与活动,可以加深记忆。

二、运用多种教具形象引起学习兴趣。如运用图画、标本、模型、实物等具体形象,激发儿童学习情感。

三、利用动作演示破解难点。如舞蹈动作、绘画技巧、体育姿态以及动作演示等。如"举头望明月,低头思故乡"通过动作演示,鼓励孩子模仿练习。

四、发散儿童思维,发展创造性记忆。如引导他们从多个角度考虑同一个问题,寻求多种答案。

五、对所学知识进行综合归类。把新旧知识有机联系起来,在物体之间建立逻辑关系,拓宽儿童的记忆广度。

六、养成"温故而知新"的学习习惯。对学过的知识,经常翻一翻、想一想、练一练、比一比,用多种办法进行复习,可以加深记忆。

正确对待孩子的幻想

有位教育家这样说过:假如成人画了一只罐子,孩子把它看作一条大嘴圆张的鱼,成人可能会责备他道:"别瞎说,这是一只罐子,不是一条鱼。"然而,这种责备会成为一个错误,就好像摘掉了待放的想象力的蓓蕾。

的确,在生活中,许多孩子喜好幻想,有一种能随时自由地创造一个幻想世界的倾向。当他们漫游在幻想王国时,脑子里会遐想出形形色色的东西。那么,这种幻想对于孩子发育成长有何利弊呢?父母应该怎样对待孩子的幻想呢?

从某种意义上可以说,幻想是人类的一种美德,是人们揭示自然奥秘并走向成功的动力和源泉。幻想泯灭的人,面对纷繁复杂的大千世界,会熟视无睹;面对浩瀚无垠的知识海洋,会麻木不仁。一些诗人、作家、科学家便喜欢幻想,可见幻想并非孩童所独有,而是一种人皆有之的心理现象。但孩子们的幻想则更天真、更自由、更独特。如许多上了幼儿园的小朋友经常缠着大人无休止地问为什么:月亮为什么能挂在天上?星星为什么会眨眼睛?一个个俨然像探索自然奥秘的小思想家。由此来看,孩子的幻想是对事物有浓厚兴趣的表现,是产生美好想象和强烈求知欲的源泉。

然而,如果孩子的幻想过多,整天把自己置于幻想世界之中,就可能因难以摆脱幻想而影响行为,最终形成有缺陷的个性。因此,父母应该正确对待孩子的幻想, 引导孩子在现实生活和幻想之间保持一种正常的平衡关系。当孩子表现出把自己禁锢在幻想王国中的某些迹象时,就应采取引导孩子更多地加入小伙伴的游戏活动,使幻想有所节制,促进心理上的平衡。

培养孩子想象力的方法

想象力是智力结构中的一种重要的智力形态，是带动智力腾飞的翅膀，是人脑对过去获得的形象进行加工改造，经过新的配合，创造出一种新形象的心理过程，它对发展孩子智力起着至关重要的作用。培养孩子的想象力可以参考以下几种方法：

一、故事续编法。这是大人在给孩子讲故事时，有意识地只讲故事的开头或当中的部分情节，然后让孩子通过合理的想象，将故事续编完整，借以发展孩子的想象能力。

二、相似联想法。这是在指导孩子观察一些事物时，引导孩子根据事物的特点进行相似联想。如：引导孩子观察天上的云彩时，让孩子说出云彩的形状，有的像奔马，有的像飞鸟，有的像丝绸，有的像棉花等。

三、组词连句法。这种方法，既可以发展孩子的想象力，又可以丰富孩子的词汇，增强造句的能力。大人说个"大"字，便可让孩子通过思考，组成"大家、大树、大炮、大厅、大爷、大白菜、大扫除、大公无私"等词。或用"大"字组成"瓢泼的大雨""肥大的果实""大红的彩旗""大田的丰收"等短语。也可以采用连句的方法，如大人说"这朵花真红"，孩子就说"红得光彩夺目"；大人说"他真高兴"，孩子便可以说"高兴得心花怒放"，"高兴得一蹦三尺多高"等。这种方法，孩子说得越多越好。

四、画图法。这种方法,是通过引导孩子画出各种不同的图画去培养孩子的想象力。如大人给孩子画很多的圆圈,然后要求孩子适当添上一些内容构成不同的图画,如太阳、气球、足球、苹果、灯笼、葵花、车轮、碗盆、娃娃头等。

五、拼凑组合法。这主要是通过各种积木或不同形式的纸块的拼凑,使之构成各种不同的组合体。如引导孩子用积木砌成各种不同的建筑物体;用各种不同形状的纸块拼凑成各种不同的图案等。

如何引导孩子学会联想

有这样两个故事：

一个是我国汉朝的徐孺子。他十一岁时，隔壁的郭老翁要砍掉院子里的一棵树。孺子问其故，郭说："方方的院子里种了一棵树，是一个'困'字，不吉利。"孺子说："照你的说法，你人也不能住在这个院子里了，因为这更不吉利，方方院子里住上一个人，不成了'囚'字吗？"郭翁没有办法，只好作罢。徐孺子小小年纪，靠自己头脑里学到的基本知识，运用这些知识展开联想，从"困"字联想到"囚"字，使郭翁哑口无言，不得不改变主意。

另一个是外国孩子爱迪生。爱迪生上小学时，有一天，老师向大家提出"一加一等于几？"这个问题，"一加一等于二"，老师的话音刚落，学生们就齐声回答。

这时候，只见爱迪生"唰"地举起了手！"一加一也能等于一。"说着，他从兜里掏出一块麦芽糖，一掰两截，把两个断头放在嘴里哈热，然后用力一挤，两截糖变成了一块。他举着糖对老师说："这不是一加一等于一吗？"

以上两个故事，说明这样一个事实：这两个孩子能通过思考、联想,去分析、把握这一事物、现象和那一事物、现象之间的联系,从而得到解决问题的方法,这就是"联想"。"联想"是一种创造性的想象能力,这种想象力是以丰富的知识和生活经验为基础的。孩子的生活经验越丰富,知识越广博,就越能更加促进这种想象力的发展。所以,对孩子,除了要认真学习课堂知识外,还要引导他们开展课外阅读,走出校门、家门去接触社会、调查访问,多渠道地吸收各种信息,并引导其操作实验,以进一步发展思维,丰富想象力,使孩子在新的事物或困难面前获得成功。

给很多思考问题
让孩子自己找"答案"

给很多思考问题让孩子自己找答案,这是引导孩子进行创造性思维的好方法。家长要精心思考、精心设计,在"引"字上大做文章。例如:

一、给他一个空间,让他自己向前走。

二、给他一点时间,让他自己去安排。

三、给他一篇文章,让他自己去修改。

四、给他一些困难,让他自己去解决。

五、给他一个机会,让他自己去把握。

六、给他一种是非,让他自己去明辨。

七、给他一个对手,让他自己去竞争。

八、给他一些权利,让他自己去选择。

九、给他一个题目,让他自己去发挥。

孩子的答案往往出乎家长的意外,他们的"答案"都是在"有趣的学习""有趣的活动"与同伴交谈,向别人请教,到网上、图书馆查资料找到的。他们通过艰苦劳动取得的创造性成果,别开生面,有真情、有实感,有新意,更有美丽的梦想……

钱学森的两道开卷考试题

钱学森是享誉海内外的杰出科学家,中国航天事业的奠基人,中国两弹一星功勋奖章获得者之一。他积极倡导对青少年的创新教育。他常说:"所谓优秀学生就是要有创新。没有创新,死记硬背,考试成绩再好也不是优秀学生。"

钱学森在担任中国科技大学力学系主任期间,给首届力学班学生出了两道开卷考试题。第一道是概念题,占 30 分;第二道是 70 分的计算题:从地球上发射一枚火箭,绕过太阳再返回地球上来,请列方程求解。第一道题没有难住学生,可第二道题却把学生难住了。他们从上午 8 点半钟开始做,直到傍晚也没有做出来,大家只得交卷。

成绩出来了,全班竟有 95% 的学生不及格。

为提高及格率,钱学森又对评分进行了"设计",把每个学生考卷成绩开方再乘以 10,算是这次考试的最终成绩。这样一来,你若得 36 分,开方等于 6,乘以 10 就是 60 分。所以凡 36 分以上的学生都能及格;你若是一个特等优秀生,考试满分 100 分,开方等于 10,再乘以 10 还是 100 分,也不吃亏。结果 80% 的学生及格了。

短短的两道考题却藏有钱老独到的教育教学思想。平时只会死读书,不会灵活应用的学生,有些问题是根本解决不了的。

钱老注重发现和培养学生的创新能力。对于第二道题,所有学生都没有做出结果,但却有一部分学生得了分,过了及格关。他们在解题中,只要露出一点点创新思维的苗头,钱老都会看得见,并予以充分肯定,给以高分鼓励。钱老的"科学精神最重要的就是创新"。一方面要让学生有宽博深厚的知识,但更为重要的是培养学生对这些知识融会贯通、综合理解运用的能力。

哈佛大学最值得自豪的是什么?

哈佛大学是世界一流大学中的顶尖级大学，有 300 余年的办学历史。哈佛大学在举办 350 年校庆时,有人问校长,哈佛大学最值得自豪的是什么? 校长回答,哈佛最引人自豪的不是培养了 6 位总统,36 位诺贝尔奖获得者,最重要的是给予了每个学生以充分的选择机会和发展空间,让每一颗金子都闪闪发光。

"望子成龙""望女成凤"家长这种迫切的心情与强烈的愿望是可以理解的,可是在对待子女的理想、前途、抱负、目标等等问题上,家长既要有宽阔的心怀、明智的态度;又要有阶段性的思维,一步一步地引导。

有个 6 岁的孩子过生日,家长煞费了苦心,摆上蛋糕,点上蜡烛,亲切地问儿子长大做什么。儿子回答:"当司机,开出租!"家长很失望,又诱导儿子说:"你就不想上大学吗?"儿子想了一想,说:"想!"家长喜不自禁,连忙问下去,上大学干什么呢?儿子不假思索,说:"当司机,开出租!"家人差点晕倒了。

孩子说想当司机,虽想的不是最好的,但却是最踏实、最棒的。在人生的道路上,并非"自古华山一条路",而是"条条道路通罗马。"

有趣的学习
——美国一中学生的《成长日志》

我是一名中学生，我们上学的时间是周一至周五的 8:30–14:40。周六和周日，做自己喜欢的事情，家长基本不干涉。

有时候，学校布置的探究性、实践性学习任务比较困难，我们会约上几个同学一起，利用周末的时间去研究。

记得在小学时，我每天做作业的时间在半个小时左右，上中学后，会长一些，但基本不会超过一个小时。现在，我们的功课以阅读和社会报告为主。学校会经常组织阅读活动，每天的阅读量大概在 100 页左右。而社会报告的许多功课需要去网上查资料。

在学校里，我们一个班会分成 4 个小组，几个同学围坐在一张桌子旁边。上课时，老师一般会给我们布置一个学习任务，但是不会直接给出答案。我们经常会利用笔记本电脑，在网上查资料。我们的教室空间比较大，除了各种教学器具，还有许多玩具和书籍，可以自由拿取。

在平时的时间，我喜欢看电视各种类型的节目。有一次，与一些来自中国的同学交流，他们说上课时间很长，平时考试的压力也很大，基本没有玩的时间。这让我觉得十分痛苦。但是，同时我也感觉，他们的做题的能力似乎更强，比如数学、物理等科目，无论是解题的技巧，还是做题的速度，都在我们之上。

关于未来，我梦想做一个律师，从现在起，我会关注各州新出台的法律和规定，会关注国际形势和社会动态，也许，这些都将成为我工作和学习中的宝贵财富。

（麦克·亨利）

"乱拆"出来的"小发明家"

　　我们的孩子叫韩旭,亲朋邻居都说,他是"乱拆"出来的"小发明家"。我们夫妻俩都是工程师,平时看到孩子喜欢把玩具或是日常生活用品拆开来看内部结构,看里面有些什么秘密,孩子即使做了傻事,我们也不责怪他、嘲笑他,而是鼓励他多动脑,多动手。我们常对他说:"眼见为实,凡事自己动手做一遍,比听十遍都管用。"

　　8岁时他看妈妈擦玻璃很危险,就拆了父亲的电动刮胡刀、照相机,还有家里的电冰箱,仔细看里面的结构,搞清楚了电机的基本原理和电路连接,用了几个月时间,完成了人生第一个发明——电动玻璃清洗器。

　　2002年,韩旭9岁时,爸爸给他买了一架折射式天文望远镜:"小旭,你可以用它观察浩瀚的星空了。"当时,整个哈尔滨只有屈指可数的几所小学有天文望远镜。收到这个梦寐以求的心爱礼物,韩旭乐得直蹦高:"太好了,爸爸!我早就想有台天文望远镜了。"昂贵的礼物,是爸爸节衣缩食省下来的。只要能让孩子开阔眼界,见识更多新事物,学到更多新东西,爸爸是非常慷慨的。

　　在别人看来,韩旭的父母实在太惯孩子了,给他买那么昂贵的玩具和仪器,让他随意拆卸家里的贵重物品。

　　可是,我们却不这么想,我们认为,在孩子最具好奇心的童年给他以最大的支持和自由，也就最大限度地呵护了他的探索欲、求知欲，就是为孩子插上了一对金色的翅膀。

2006年，13岁的韩旭又发现了生活中的一个难题。韩旭从小生活在北方，冰天雪地中想随时随地喝到一杯热水简直是一种奢望，那么能不能发明一种可以自动加热冷水的水杯呢？韩旭同时想到，人们喝水喜欢用玻璃杯，玻璃表面致密，不易藏污纳垢，但玻璃杯的缺点是易碎，他就琢磨着怎么能让这种杯子既是玻璃的又不易碎，他想到双层杯子，里面是玻璃的，外胆是塑料的。

经过一番努力，这种新型的水杯终于试验成功了！他带着这种杯子参加了一次展会，受到人们的欢迎。

其后，改进版的口杯获得了国家专利。韩旭还把生产的口杯无偿赠送给环卫工人，看到杯中冒着热气的浓咖啡，小韩旭在叔叔阿姨们的眼中看到了喜悦与感动。

2008年，上高一的韩旭发明了雪场公路两用自行车。这辆自行车的设计获得了国家专利，生产厂家蜂拥而至。韩旭还将自行车的研究过程系统整理成了一篇科技论文，发表在2009年第11期的《中国科技教育》上，那一年韩旭只有16岁。上了大学之后，韩旭运用自己学到的知识将自行车的动力系统升级，获得了国家级的科研立项。

2011年，韩旭考上哈尔滨工程大学成为核工程与核技术专业的学生。2014年9月，韩旭以优异的表现被保送到上海交大读博。拥有多项专利、用发明创新体验人生的韩旭说他想成为一名院士，在科学的道路上探索攀登，永不停息。

培养孩子阅读习惯的方法

前苏联伟大教育家苏霍姆林斯基,在几十年的教育实践中,精心构筑了他的读书教育体系,核心就是培养学生读书的兴趣与爱好,让学生"生活在书籍的世界里"。这个书籍世界包括三个平面:即"学校书籍世界""教育书籍世界""家庭书籍世界"。他要求每一个家长每一个月至少为孩子买一本新书,努力创造孩子潜心读书的条件。

营造"家庭书籍世界"的目的在于培养孩子阅读的习惯,扩大他的知识领域,在此,我们做家长的,必须做好以下几方面的工作:

1. 父母应掌握儿童读物的出版信息,随时向孩子介绍新书。2. 为孩子布置一个家庭图书角,或设置一个图书柜,使孩子随时可以取阅。3. 孩子的节日、生日,有意地选择一些适合他口味的新书,作为鼓励孩子的礼物。4. 利用双休日带孩子到图书馆借阅书刊,并申请领取借书证。5. 带孩子参观书展、书店,并给予孩子适当的零花钱,让他们自由购买书籍。6. 鼓励孩子写读书心得、读书笔记,培养他们读写结合的习惯。7. 经常给孩子讲述古今中外名人读书、写书的故事,启发他们学习阅读的信心与毅力。8. 鼓励孩子把自己的零用钱、压岁钱,存入小银行,并取出一部分订阅他喜爱的报纸刊物,扩大他的知识面。

在孩子心田播下科学的种子

如果当孩子缠住你提出一大串"为什么"时,当孩子把一台好端端的收音机拆得七零八落时,当孩子对看星星、种树、养小动物乐此不疲时,作为孩子的家长,你将采取什么样的态度呢?

一、尊重和爱护孩子的好奇心

好奇心是引发兴趣和探索的前提。许多在大人眼中很一般的现象,也会引起孩子的好奇,往往会提出一大串的问题,这些都反映了孩子的好奇心与思考力。作为家长,你不妨去买一套《十万个为什么》,耐心地以丰富的知识准确解答孩子的问题,力求通俗易懂,以激发他们持久的兴趣和探求精神。

二、鼓励孩子细心观察周围的事物

孩子通过观察,可以掌握感性的科学知识。孩子在观察中发现问题,同时又能在观察中找到问题的答案。比如让孩子选一棵树为观察点,不断地认识它,不断地关心它,不断地了解它,就会获得生动的植物知识。

三、注意捕捉孩子日常生活的"敏感区"

19世纪,英国著名数学家和物理学家麦克斯韦,很小的时候对数学特别感兴趣。有一次,父亲让他画静物写生,他在纸上画的竟然是几何图形:花瓶是梯形,菊花是圆圈,还有一些奇怪的三角形,大概是表示叶子吧！细心的父母发现后,便及时抓住其"敏感区",教他几何学,使他的数学思维和空间想象力得到长足发展,以至许多事物在他脑海中变成了几何图形。不久麦克斯韦就在数学方面显示了惊人的才华。可见,捕捉孩子日常生活中的"敏感区",因势利导,就可以为孩子思维力、想象力的发展,打开一扇绿色的"窗口"。

"超前教育"切忌"超"之过急

现在不少地方，出现了"超前教育""早期智力开发"的一股热。为孩子创造早期识字、早期入学、早期发展的种种条件，这种心情是可以理解的，这也是家庭教育的一种进步，一种早出人才、出好人才的美好愿望。但随之也带来了些新的问题。主要表现在不少家长要求过高、过急、过严、过紧，不顾孩子的生理、心理特点和承受能力，一味追求"超前教育"，过早地教孩子识字、背古诗、学外语、搞计算、弹钢琴，不到三四岁就要求背上几百首古诗。对此，我们并不一概反对，因为"神童""超常儿童"自古有之。但如果不分青红皂白地把某种快速识字、背书的要求强加到幼儿身上，对这种刚出土的幼苗苗，是否能实施强化训练是值得探讨的。

据科学家研究，孩子智力分布是有差别的，智商在 140 的超常儿童只占万分之几，绝大多数孩子属于中上水平。如果对中上水平的孩子采取"超常"的教育方法，那是拔苗助长，欲速则不达。据调查，有的孩子在入学前，能背的古诗，一进小学，就全忘掉了。识字、读书是一种脑力劳动，不到一定的年龄，硬要超前承受，身心就容易受到伤害。据一年级有的老师反映，按照规定的年龄入学，孩子比较成熟，很快适应了学校生活，容易听懂老师的要求，自然成了班级中的骨干。超前入学的孩子，在学习、纪律、劳动、体育诸方面均感到吃力，

117

就容易落后,容易产生一种自卑感,甚至产生"厌学""恐学"情绪,这种心理上的苦恼,可能影响到以后的发展。

为此,许多专家、学者认定:孩子的早期开发,重点不单纯在智力潜能的开发,而应在于创造一个平等、民主、和谐、合作、相互尊重的家庭气氛,以爷爷奶奶、爸爸妈妈自身的言传身教培养孩子健全的人格、优良的品德,培养他们良好的行为习惯,如劳动习惯、卫生习惯、生活自理习惯、文明礼貌习惯、早睡早起、爱护公物、节约粮食、照顾老人、孝敬父母以及助人为乐的习惯等等。

实践证明,行为习惯的培养比单纯知识的教育难度大得多。有的家长说得好,培养孩子良好的行为习惯,就像研究卫星上天一样,要敢于付出那样大的心血与代价。俄国教育家乌申斯基说:"良好的行为习惯是在神经系统中所储存的道德资本,这个资本在不断地增值,而人在整个一生中就享受着他的利息。"

在孩子早期开发上要特别注意:

一、尊重科学。纠正过高、过急、过严、过紧的作法,多一点"顺其自然",少一些包办代替和"拔苗助长";

二、明确重点。早期开发应重点放在道德品质和良好行为习惯的培养,在这方面要精心思考、精心设计、精心"施工",有意设置一点逆境,让孩子受点磨炼;

三、讲究方法。少搞言传,多搞身教,强化父母的表率作用与榜样力量。一位著名教育家指出:全部教育成功或者说千分之九百九十九的教育成功都归结到榜样上,归结到父母自己生活的端正和完善上。

"自我教育"是家教中的"内流河"

　　著名教育家苏霍姆林斯基曾有这样一段精辟的论述:"只有学会进行自我教育,才可以成为一个真正的人。不然,用长远的眼光看,我们造就的只能是一个不幸的人","不幸的人是我们社会的大灾祸,而不幸的孩子,则是大百倍的灾祸"。

　　怎样使我们的孩子避免不幸和灾祸?那就是要指导孩子进行自我教育。所谓自我教育,简单地说,就是自己教育自己,即让孩子自觉主动地去通过自己的观察、分析、思考而获得一些新的认识的活动。如果我们把父母对孩子的说教、规劝等作为一条"外流河"的话,那么,自我教育则是一条"内流河"。

　　有一少年曾坦诚地表白:"当我缺乏自我教育的时候,我只做人家迫使我去做的一些事。如老师给我布置作业,叫我从这一段背诵到那一段,我才去看。"这种被动的教育其效果是极其短暂的。家庭教育也是这样,我们要求孩子"要怎么样""必须怎么样""不能怎么样",如果孩子不能真正认识其意义和价值,这种要求只是一种"形神分离"的表面接纳,孩子只是作为一个被动的客体,迫不得已或违心地去完成父母布置的任务。

　　由此可见,家庭教育不能只是一种被动的教育,而应是一种自觉的教育,"教是为了不教",这是教育的归宿;"不教是为了自教",这是教育的艺术。在人的一生中,有目的、有计划的外在教育毕竟是有限的,耳边鼓、身边锣不可能常打常敲。因此,为了孩子健康地发展,迅速地成长,家庭教育的关键是指导和促进孩子的自我教育,孩子自我教育的效果取决于其自我教育能力的大小。

家长应高度重视孩子自我教育能力的培养。首先要提高孩子的自我意识能力。孩子只有正确地进行自我意识,才能够正确地进行自我评价,发现自己的不足,找出与别人、与社会、与父母教育要求的差距,改进和提高自己的愿望和行为;其次,要放手让孩子自觉地去接触社会、认识社会,处理生活中、学习中的各种矛盾。做到让孩子在自我教育的过程中主动地去发现问题、分析问题和解决问题,在实际锻炼中提高自我教育能力。

家长必须为教师树权威

教师的权威主要靠教师自身通过多方面的修炼而形成。

但是，少年儿童对人的看法易受他人的影响，特别是容易受到父母言行的左右。作为孩子的父母，应注意为学校教师树权威，使孩子首先在心理上接受教师，产生对教师的崇敬感和信赖感。这是使孩子顺利进入学习主体角色，接受教师要求，完成学习任务的首要条件之一。

家长如何为教师树权威呢？

一、要表示对教师工作的理解和崇敬，教育孩子尊敬教师。 家长应该看到教师工作的艰辛，思想负担的繁重。以休假日较多等现象来断定教师的日子过得清闲，这种不切实的议论多了，无形中就会影响孩子对教师工作的看法，最终影响对教师的感情，这对他们接受教育是十分不利的。因此，家长应经常通过实例对比、典型评价等方法引导孩子认识到教师的无私奉献精神与工作的难处，使孩子从教师的清贫生活中看到奉献精神的崇高和伟大，从而增强对教师的感激之情。这对孩子自觉接受教师的教育管理具有很大的促进作用。

二、要经常有意识地当着孩子的面夸赞教师。 每一个教师都有自己的长处，夸赞教师，主要夸赞教师的人品、工作精神和能力及教学效果，并注重小中见大，微中见巨。赞扬的语言要实在、恳切，态度自然,并加以合乎情理的分析,使语言更具说服力和感染力。教师的美好形象树立了,威信产生了,孩子接受教育的主动性和自觉性就会相应增强。

三、不要当着孩子面议论、指责教师的失误。每一个教师可能有不足之处,工作上也总是有失误的时候。作为家长,对此要在理解的基础上尽可能为教师的某些失误"护短",以维护教师形象和威信,不能当着孩子的面说教师的不是,更不可粗言谩骂、诋毁教师。当孩子对教师有了看法,要和孩子共同分析,正确对待教师的言行。同时,还应告诉孩子,"人无完人",教师也是常人,有失误也是难免的。当孩子的看法片面时,要及时加以纠正,并引导孩子分析自己的观点,改正不当之处。孩子与教师闹了矛盾,家长不要袒护孩子,必要时可单独与教师商量解决办法。这将有利于孩子正确认识自己的错误或不足,从而主动接受教师指导。

·第四章·

创造孩子宽松和谐的学习生活环境

好家风，成就好孩子

家风，又叫门风。是家庭吉祥如意，孩子幸福成长的天然氛围。

家风怎么表示？答案不一。有的是一句话，有的是几个字；有的用一首经典诗联表述，有的用一篇短文归纳；有的贴在自家的门墙上，有的收入自作的家书里。尽管家风的内容与形式不同，但它的出发点、闪光点、正能量，都是向真、向善、向上。

家风是家文化的综合力量。家风与家训、家规联成一体，成为一代一代子子孙孙的行为规范，内化于家，外传于世。如："忠厚传家久，诗书继世长""人和一身福，家和万事兴""有关家国书常读，无益身心事莫为""勤是摇钱树，俭是聚宝盆""万事人为本，百善孝为先""兴小家，顾大家，为国家"等等。

有人把祖传的模范家风，用"风""骨""情"三个字解读。"风"，指一种风气，一种作风，一种有口皆碑的风范；"骨"，指一种骨气，是内在的品质和脊梁，能顶天立地，光宗耀祖，造福一方；"情"，指一种心情，即心忧天下的家国情，赤心为党的革命情，竭诚为民的公仆情，永远忘不了的故乡情等等。

家风无处不在，凡是有家的地方，就有家风。好家风，成就好孩子；坏家风，毁了小孩子，这一哲理，永远不会过时。让我们为造就良好家风，培育优秀儿女，报效伟大祖国共同努力吧！

怎样的父母最受孩子尊敬

天下父母,都希望自己的孩子早日成才;天下的孩子,也同样希望自己有贤德的父母。可见,在孩子心目中,对父母的要求目标是很高的。据对 48 所小学,2285 个孩子的心理测试,反映最受孩子尊敬的父母集中在这样十个方面,从心理学上说,就是孩子的十个心理目标:

一、形象高大。爸爸妈妈做事、说话、学习、工作、劳动、娱乐、待人接物、尊老爱幼、和睦邻里,都给孩子留下好榜样。

二、爱心均等。对男孩、女孩给予同等的爱心,做到父母心,一掌平,手心手背都是肉。

三、不说假话。对孩子的合理要求,应诺了,一定办到,不放空炮,让孩子对大人产生高度的信仰。

四、好迎小客。孩子的朋友来家里作客,热情接待,使孩子充满主人感、喜悦感。

五、丑不外传。在客人面前,最好不讲孩子的过错和短处,以免伤害孩子的自尊心。

六、说话有据。表扬和批评孩子,一是一,二是二,不说过头话,以利于培养他实事求是的优良品德。

七、善于回避。孩子总是以爸爸妈妈互敬互爱感到自豪,感到骄傲,感到高兴,万一发生口角,切莫面对孩子吵闹,要作暂时的回避,以免损害父母在孩子心目中的权威形象,更有利于减少孩子难以承受的心理压力。

八、适时解困。孩子在学校出了问题,比如考试得了低分,和同学闹了矛盾,参与学校竞赛活动成绩不理想,搞某一项小发明创造没有成功等等,以至受了批评和处分,家长要弄清原因,耐心帮助,适时减轻孩子的心理压力,最好的是"雪中送炭",最怕的是"火上加油"。

九、全面评价。不要只把学业的高分数当做评价"好孩子"的唯一标准,要从思想、学习、爱好、特长、兴趣、创新、进步等多方面去全面衡量,扬长避短,鼓励他奋发向上。

十、笑口常开。爸爸妈妈长年和睦相处,相敬如宾,有谈有笑,在任何困难面前都充满乐观主义精神,从不悲观失望,这样,可以对孩子身心的健康成长产生巨大的激励作用。

妈妈的"微笑"是最美的"语言"

古希腊哲学家苏格拉底说："在世界上，除了阳光、空气、水和微笑，我们还需要什么呢？"换句话说，微笑同生活中的阳光、空气、水分一样重要。

妈妈的情绪、妈妈的脸色、妈妈的情感、妈妈的微笑，最能直接地在孩子身上起到强烈的刺激作用、影响作用。孩子之所以看重妈妈的微笑是因为孩子差不多有三分之二的时间在妈妈身边，时时刻刻亲身感受到妈妈的一片真心、一片爱心，一腔心血。

妈妈的微笑，不只是肌肉的放松与形象的改变，最重要的发自内心的喜悦与快乐。出色的、成功的孩子需要从妈妈的微笑中得到赞赏；悲观、犹豫、缺乏自信的孩子需要从妈妈的微笑中得到鼓励；出错或失误的孩子需要从妈妈的微笑中得到谅解；孤独或受伤的孩子需要从妈妈的微笑中得到抚慰。假如在一个经常板着面孔、见不到微笑的妈妈面前，天真活泼的、幼稚的、好奇的孩子，怎么能在心中荡漾起生命的火花、学习的兴趣、求知的欲望与蓬勃发展的激情呢？

传说，世界著名的希尔顿大酒店的创始人希尔顿先生的成功，也得益于他母亲的"微笑"。母亲曾对他说："孩子，你要成功，必须找一种方法，符合以下四个条件：第一，要简单；第二，要容易做；第三，要不花本钱；第四，要能长期运用。"这究竟是什么方法？母亲笑而未答。希尔顿反复观察、思考,猛然找到了,是"微笑",只有微笑才能符合这四个条件。"人不微笑莫开店"。后来,他果然用"微笑"闯进了成功之门,开办了盖世精店。在这里母亲的微笑是形象化的哲理,是秘诀化的智慧,是打开孩儿心锁时那脆然一响,是拨开子女心窗时那豁然一亮。

郑州一小学精心设计了一个"微笑墙",墙上贴着一张由全校40多位老师的笑脸组成的一幅巨大的照片。孩子们上学经过此处时,冲着老师们的"笑脸"哈哈一笑,一个个怀着良好的心态走进校园,走进课堂,从此快乐的一天开始了。

我们呼吁年轻的妈妈在日常生活中,要用"微笑"面对孩子,让孩子在得到你的"微笑"中享受快乐的童年,丰富的人生,精彩的世界。

微笑墙

"独学无友"违背了孩子的成长规律

"虎怕离山，人怕孤单。"

"独学无友"意在管住孩子不受外界的影响，为孩子创造一个静心、安心、放心的学习环境。殊不知，这种作法有违孩子成长的规律。

任何一个孩子的心态都是向上的、共生的、合群的。因此，孩子在学习时很需要有模仿对象，有环境气氛的熏染，有赶超相长的伙伴，犹如滴水随波才能逐浪一样。若把孩子长期置于关门念书，独学无友，孤陋寡闻的境地，往往使他们失去信心、失去活力，失掉兴趣。即使足不出屋，学习也很难长进，久而久之，成为一个性格孤僻，孤陋寡闻的"少年老人"。

英国剑桥大学教授贝弗里奇据自己的观察，说："多数科学家在孤独时停滞而无生气，而在群集时就相互发生一种类似共生的作用。"又说，"据统计，在诺贝尔奖金设立后的头 25 年内，协作研究则获奖的人数占获奖总数的 41%，而第二个 25 年中，这一比例上升到 65%，而其后的 22 年中，这一比例则占到 79%。"

俄国教育家马卡连柯提出："群集共生，相观而善。"事物如此，科学家如此，更何况幼小的孩子？

爸爸你再不陪我，我就长大了

"爸爸你再不陪我，我就长大了。"这是个9岁女儿，在日记中写上的一句心里话。不少为工作打拼、为生活奋斗的家长，看了孩子这句发自肺腑之言，不觉泪流满面。

这位父亲，一心扑在工作和事业上，起早贪黑，不停奔波，顾大家而舍小家，他的忘我敬业精神实在令人感动。我们在为这位父亲点赞的同时，也为孩子发自内心的呼唤感到心疼。

陪伴，是最好的教育。英国纽卡斯尔大学研究者曾用半个世纪，对17000个在1958年3月某一个星期出生的英国婴儿进行跟踪调查。孩子到11岁时进行智商测验，结果显示：常与父亲相处的孩子表现更聪明，性格更加开朗，人格更为完善。父亲有很多教育与社会化的功能，能给孩子带来社会竞争意识、权威意识、道德品质，并且能在自我控制、自我创新成就感等培养方面起到榜样作用。

可见，完整的家庭教育，需要父亲和母亲的共同努力，阴阳协调，刚柔结合，孩子才能具有完整的成长过程，享有"父爱""母爱"共同施展的教育环境。时间如海绵，挤一挤是有的。一个出色的职业人，同时也应该是一位合格的好父亲，这才是"两全其美"。

"母爱"深似海，"父爱"重于山，这部天然的"山海"经，缺一不可。

批评孩子要讲究艺术

　　著名教育家陶行知先生"四块糖"的故事早已传为佳话,它对我们教师、家长如何运用心理疏导,讲究批评艺术很有启发。

　　有一天,陶行知校长在校园内看到一男生用泥块砸另一男生,当即制止了他,并要他放学后到校长室去。放学后,该生早早来到校长室门口低着头等着挨训。陶校长走来,一面先给了他一块糖,一面说:"这块糖是奖你的,因你按时到,我却迟到了。"该生惊疑地接过糖。接着,陶校长又掏出一块糖放到他手里说:"这第二块糖也是奖你的,因我不让你再打人时,你立刻住手了,这说明你尊重我,应该奖你。"学生更惊疑了,他睁大眼睛看着校长。陶校长又掏出第三块糖说:"我调查过了,你用泥块砸那男生,是因为他不遵守游戏规则,欺负女生,你砸他说明你正直、善良,敢跟'坏人'作斗争,应该奖励你啊!"他感动极了,流着泪喊道:"校长,你打我两下吧,我错了,我砸的不是'坏人',是我的同学啊。"陶校长满意地笑了,随即又掏出第四块糖

递过去说:"为你的正确认识错误,我再奖你一块糖,我的糖奖完了,我看我们的谈话也该结束了。"

多么感人的一幕!学生打人,陶先生没有训斥,没有疾言厉色,更没有打骂,却让学生一步步地完成了对自己错误的认识过程。他用四块糖就让学生认识到了错误,发掘了学生的四个优点:守时、尊重人、正义和敢于认错。我们在感叹陶校长高超的批评艺术的同时,就不能不思考如何做好对孩子的批评教育工作。

首先,要尊重孩子,保护孩子的自尊心。任何人都是有面子的,也是爱面子的,青少年尤其如此,且他们爱面子来得更感性更直接。其次,遇事先冷静,不急于下结论,给犯错误的孩子以自省的机会。批评之前做好充分调查,争取批评教育的主动权。

其次,尽可能地发掘孩子的闪光点。马克·吐温说:"只凭一句赞美的话,我就可以好好地活上两个月。"

"心理暗示"在家教中的运用

　　家长教育孩子的方法是多样的,常见的如正面教育、挫折教育、冷面教育等。这里再向家长介绍一种"心理暗示法"。

　　心理暗示又可分为语言暗示和形象暗示。

　　语言暗示要求家长教育孩子时,不是一味地去批评、责难,更不是强制孩子接受自己的意见,而是循循善诱、旁敲侧击,在心理上暗示孩子哪对哪错,让孩子自己鉴别。有个小学二年级的孩子一次私自拿了家里的钱,被家长察觉。这位家长根据小孩的思想表现,认为是行为偏差,于是冷静地同孩子交谈,耐心地启发诱导。交谈中虽然没有提及孩子私自拿钱的事,但分明又在暗示孩子:这事我知道,私自拿家里的钱,行为是十分有害的。这样,孩子在暗示中领悟到自己所铸成的大错,主动承认了错误。

　　当然,语言暗示需要讲究语言表达方式,含蓄不等于模糊不清,是非不明;旁敲侧击,不等于光绕圈子,不谈要害和实质。

　　形象暗示就是家长通过某种具体可感的形象,启发孩子的联想,从而影响孩子的心态,达到教育的目的。有位年轻的家长向一位老教师请教,说他的孩子读小学,智力不差,就是不爱读书,只知玩,成绩不好。老教师告诉他,要他每天减少看电视和打麻将的时间,尽量挤点时间读书、看报、写学习笔记。这位家长听从劝告,半年后,他兴奋地告诉教师,孩子变了,爱读书了。显然,老教师给这位家长的教育方法,就是形象暗示法。家长通过自己的形象暗示孩子,从而矫正孩子的行为。

家长针对孩子不同的思想和行为,运用不同的情景来引发孩子的联想,或寓情于景,或情景交融,让孩子在不知不觉中接受自己的意见,按照一定的方式活动。如带孩子去参观烈士陵园,去走访英雄模范人物,就暗示了孩子要向烈士和英雄模范人物学习,树立和培养崇高的理想和高尚的情操。又如孩子不爱锻炼,家长可置羽毛球之类的体育用具于显眼处,孩子就会得到暗示,心动手痒,一试身手。

当然,也可用反面的事例教育孩子,使孩子从中吸取教训,引以为戒。有位家长故意将孩子的日常用品放得乱七八糟,让孩子半天也找不到自己所需要的东西,十分生气。此时,家长才慢条斯理地反问,"你平时不也是这样放东西的吗?"孩子得到暗示,顿时感到羞愧,以后就开始矫正自己这一行为。

教子宜用"低声调"

有的家长在教育孩子时,调高声大,特别是发现孩子有过失时,更是大发雷霆,甚至责骂、体罚。以为只有这样才能达到教育的目的。其实,这样做不但收效不大,还会使孩子与父母产生对立情绪,不利于孩子的身心健康。

采用低声调,孩子感到与家长处在平等的地位上。在宽松和睦的气氛中,大家都能畅所欲言,交流思想,融洽感情,孩子会把你当做朋友,无所顾忌。

采用低声调,家长表现得沉着、稳重,会使孩子对其有信任感,孩子的自尊心、主动性、创造性,自然会得到发展。

采用低声调,孩子需集中注意力才能听到,即使开始听不进去,由于精力集中,就不知不觉地接受了你的教育。

采用低声调,可以增进亲密感,使孩子思想活跃,有助于开阔思路,了解生活,正确认识问题。相反,一味指责,甚至体罚,孩子的情绪受到影响,失去对家长的依赖感、信任感,就有可能导致父母与子女间的感情疏远,甚至造成"硬碰硬"的不良后果。

教育孩子要从哪些方面敢于"舍"

教育孩子要舍得让孩子哭。有的孩子的父母,更甚者是孩子的奶奶爷爷,听不得孩子的哭声。孩子一哭一闹,再不对的事也答应,本来错的也成了对的。这样孩子就像有了法宝一样,稍不如意就哭就闹,而这件"法宝"在这些舍不得孩子哭的家长面前是很灵验的。久而久之形成孩子许多不良习惯,甚至于打、骂也无能为力。

教育孩子要舍得让孩子吃点苦头。孩子两岁半以后,就有和小朋友在一起玩的愿望。和小朋友一起玩难免有时吃点苦头,或摔倒,或挨打,或玩具被人抢走等等。这时有的家长就会心疼孩子,舍不得再把孩子放在他们自己的天地里,而整日在大人中间。这样下去,他们什么时候才知道"让"别人?什么时候才能和谐地与小朋友相处?

教育孩子要舍得让孩子的衣服脏。玩是孩子的天性,与土与水天然的相亲相近,绝对不让孩子动是不可能的,要舍得让他玩土,甚至一身一脸都是水。乐在玩中,玩中增智,何乐而不为……

古有俗语"舍不得孩子套不着狼",家长总是舍不得孩子是不行的,要让他去玩,去闯,去吃点苦头,经受各种锻炼,这样才能适应社会的要求,成为生活的强者。

引导孩子学会"选择"

　　"选择"是一个大课题,对于日渐成长的孩子来说,这是一门必修课。

　　"选择"在心理学上叫做"趋利避害法"。

　　选择,从某种意义上说,就是负责,就是人的一种责任心。惧怕选择、回避选择,其实是一种不负责的、不健康的心理状态。

　　有个孩子,有两种爱好;一爱篮球;二爱画画。但要做到两全其美很为难,在两大爱好中做出正确的选择孩子感到头痛。

　　孩子的家长是位从教多年的教师,一天,决定对孩子上堂"选择课",让他好好思考、领悟。要孩子找来一张白纸,把两种选项分列两旁,然后,列出打篮球与画画的种种利弊,让孩子一条条去对照、思考、比较,做出选择。列表过程也是思考的过程。谁知,孩子写着写着竟把纸扔到了一边,开始逃避。家长没有继续逼孩子做出选择,只是告诉他,很多时候在很多事情面前必须选择,选择就是负责,惧怕选择,其实就是惧怕负责。

　　到了晚上,孩子收拾东西要出门,家长以为他去打篮球,谁知他选择去画画了……

把握一天用脑记忆的最佳点

据专家分析,孩子大脑在一天当中有几个记忆最佳点:

第一个最佳点是清晨 6–7 时。此时刚结束睡眠,大脑经过一夜的休息,已基本完成了对第一天所接受信息的整理、归纳,还没有接受新信息,所以记忆印象清晰,适合记忆那些难记又必须记的名人名言、时间、人物、定律、数据等。

第二个最佳点是 8–10 时。这段时间,脑的兴奋度大大提高,精力已上升到旺盛期,对各种信息的处理能力很高,记忆力也增强,反应迅速,判断和分析能力强,正是攻克难题的大好时机。

第三个最佳点是晚上 6–8 时。这段时间是人脑记忆的又一个高峰期,适合用来回顾、复习当天学习过的知识,整理学习笔记,在相当一部分人中,这段时间的记忆效果甚至超过清晨 6–7 时。这是因为,人在睡眠以前有一个超常的兴奋过程。此时,一般不再接受新的信息,这时候记的东西,后面没有覆盖,最不易遗忘。

当然,每个人的"生物钟"不是完全一致的,孩子应根据自己生物钟的特点,选择最佳时间用脑,以提高学习效率。

孩子进入青春期，家长怎么办？

青春期，是人生第二个生长发育和发展的高峰期。此时孩子的变化不仅会影响到学业成绩，还会影响到人格的形成和身心的健康发展。

青春期的标志是孩子开始叛逆了，又称"叛逆期"。叛逆期心理需求的显著特点是"我的地盘我做主"。渴望独立自主地决定自己的一切，但又处于既要过"儿童节"，又要过"光棍节"；要求零花钱、外出时间要自由，发型服装要自主；认为自己是大人了，不愿再顺从父母的管教。

其实，叛逆是孩子长大的必经过程，叛逆是好的开始。如果父母希望孩子将来进入社会有独立性、自主性、创造性，知道如何理性地坚定自己的信仰，把握自己的命运，表达自己的情绪，在真理面前，敢想、敢说，就要允许孩子在家庭环境中，习得这种品质，练就这种能力。

青春期父母最大的困惑，是如何跟孩子沟通。有一位教育家说得好，要坚持三原则：一是"己所不欲，忽施于人"；二是"己所甚欲，慎施于人"；三是"快快地听，慢慢地说"。及时发现孩子说话的内容、情绪、需求。做到"先调整心情，再处理事情"，"要说的话没有想好，宁可不说。"如果一味动怒，就会发生亲子冲突，闹成僵局，实不可取。

多学一点大众传媒的新知识

为了创建一个学习化社会和学习型家庭,让孩子健康成长,期望年轻父母多学一点大众传媒的新知识。

什么是大众传媒呢?所谓大众传媒是指报纸、杂志、书籍、广播、电视、电影、网络等传播工具。

人们通常依不同的出生顺序,把书报杂志、电台、电视台这三种传统媒体,称之为"老大""老二""老三"。"老大"传播的是文字信息,作用于人的眼睛;"老二"传播的是声音,作用于耳朵。近一二十年里,"老三"最厉害,传播的是动画信息,同时作用于眼睛和耳朵。三兄弟经过长时期磨合,在人类社会里各司其职,相遇而安,组成了媒体大家庭,其乐也融融。

就在人类走进 21 世纪的时候,人们突然发现,一个虎头虎脑的后来者闯进了媒体大家庭,他集三兄弟的优势为一体,传播的以文字、声音、动画形式反映出来的数字形式,因其各种功能都与互联网有关,人们把这种新媒体叫做"网络媒体"。

1999 年 5 月,联合国新闻委员会正式提出,"因特网"已成为"第四媒体"。

"因特网"作为一种媒介有四大优点:一是跨越时空,全球一网,信息无限,时效更快;二是文字、图片、图表、动画、声音及电视镜像等表现形式融为"一炉";三是可交互性,传授双方可以对等交流;四是易于搜索、检索信息和进行各种信息处理工作。

在短短的十来年时间里,因特网像一股不可阻挡的热潮,给人们的生活方式、生产方式、工作方式带来了革命性的变化,青少年则是这场革命的"生力军"。青少年对新鲜事物有很强的好奇心与探究欲,因特网正好给他们提供了一个广阔的空间。1999年4月,第二届亚太地区报刊与科技和社会发展研讨会在北京召开,专家预言:第四媒体将成为21世纪的主导传媒。理由是:广播问世,38年后拥有5000万听众;达到这数字,电视用了13年,因特网只有了4年。

面对当今这个传媒异常发达的时代,应当高度重视传媒对孩子的影响。在一个孩子的成长过程中,什么时候孩子会对什么媒体发生兴趣,这种媒体本身和它所传播的内容将对孩子发生什么影响?您怎样引导孩子趋利避害?这里面有你熟悉的东西,但大部分的东西你并不很熟悉,所以,对于新一代的年轻父母,你必须抱有崇高的责任感、使命感,多学一点大众传媒的新知识。

在强大的传媒影响面前,你是"积极作为"还是"无所作为",将决定孩子20年后的面貌。

引导农村孩子在"农"字上多作文章

　　农村有得天独厚的自然资源与社会资源，是一本立体的、多彩的、富有天然吸引力的无声教科书,引导孩子读懂这本书,学会观察、探索、体验、创造美好的学习生活环境,大可启迪智慧、发展能力。

　　丰富农村孩子的学习生活环境,要在"农"字上多作文章。一般来说,要遵循这样几条原则:一是因地制宜,教育本土化;二是因材施教,形式多样化;三是寓教于乐,活动乡土化。

　　例如:

　　利用稻麦、玉米;瓜果、蔬菜;石头、泥土;古树、名木;青山、绿水;小溪流、野花草以及野生动物等等,打开孩子的视野,活跃孩子的思维,鼓励他们多听多看,听故事、编儿歌、画图画、建生物角等,丰富具有农村特色的乡土文化知识。

　　搜集民间歌谣、诗词对联、传统手工艺品等等,经过适当整理后,用来开展游戏活动、文艺活动、读书活动、民间竞赛活动等等,从而加深"乡土记忆""留住乡愁",做到"睁眼看世界,低头思故乡"……

　　"农村是个广阔天地,在那里是可以大有作为的。"

小学生出走现象如何防止

小学生离家出走的现象已越来越引起社会各界的关注。这种现象的产生,不但给社会带来负担,给家庭带来不幸,给学校带来不安定因素,而且给儿童的身心健康带来极为不良的影响,这不能不引起我们深思。孩子出走的原因是多方面的,但其中相当重要的一个因素是由于教育方式不当,孩子们的心情长期受压抑所致。

孩子们心中的世界是一个充满神奇梦幻的多彩世界,他们崇尚自然,向往自然。而我们不少教师和家长则是在优秀率和"望子成龙"等善良愿望的支配下,把孩子当做没有情感的机器人加以"塑造",至于孩子这个时期的生理和心理特点则全然不顾,硬生生地把孩子们天真的幻想禁锢在一方小天地中。那么,"物极必反"的严重后果,也就在所难免了。

对于孩子,老祖宗传下来的古训是以严为本,这本来是很有道理的。但问题的关键在于是怎样一个严法。如果不能掌握内在的规律,势必要走向极端,产生副作用。

遗憾的是,我们的许多家长并未注意到这些,而是常常用衡量成年人的标准去约束孩子,把孩子的言行举止拘泥于层层的"清规戒律"之中,一举手,一投足都要受到限制。这也不许动,那也不许摸,弄坏一件东西要呵斥,做错一件小事要呵斥。孩子费了好大的劲画了一张画贴在墙壁上以求家长的赞誉,可得到的却是声色俱厉的呵斥:"干干净净的墙,怎么能贴这些乱七八糟的东西?撕掉!"于是,孩子们整日提心吊胆地生活在一个充满"规矩框框"的环境中,生怕越"雷池"半步以致招来责骂。久而久之,如履薄冰的压抑感使他们过早地告别了童年的欢乐。

我们绝不主张放任孩子,但希望我们的教育观念能真正适应时代的步伐。笔者有幸听取一位儿童教育家谈去日本考察访问的感受。她谈到日本的基础教育时说,日本的幼儿园十分重视让孩子感受大自然的新鲜气息,不少幼儿园在操场挖了方圆200多平方米的大坑,运来优质土壤拌成泥浆,每天让孩子们在泥浆中自由自在地玩上一个小时。尽管小家伙们一个个折腾得像小泥猴似的,但脸上都洋溢着十分快乐的笑容。

他们的做法使孩子们一睁开眼睛便能看见自由的天空、飞翔的小鸟、馨香的花草、绿色的森林。孩子们的创造个性可以在这里得到尽情的发展,这不能不给我们一个深刻的启示。

餐桌之上训子害处多

在现实生活中,往往有这样一种现象:有些家长总是抓住就餐的机会教育孩子。他们当中,有的喜欢向孩子提一些问题,来考考他们;有的因发现孩子犯了错误,利用饭桌当"课堂",对孩子进行训斥;有的竟在吃饭时动手打孩子,打完之后,又强迫他们忍气吞声,含泪吃饭。这种一边是家长声色俱厉的数落,一边是孩子眼泪掉到饭碗里的压抑的就餐气氛,势必会损害全家人的健康,其中受害最严重的当数孩子了。

据研究发现,健康人在正常情况下咀嚼食物必定通过神经反射作用,使唾液腺加强分泌唾液,唾液量明显增多;而当人处于精神极度紧张状态、产生恐惧情绪时,会抑制消化腺的正常分泌,即使在嘴里咀嚼食物,也不会引起唾液腺分泌增加,甚至还会显著减少,长期下去,势必使孩子的消化能力减弱,影响孩子的正常生长发育。国外一项医学研究表明,在消化系统的癌症患者中,约有 80% 的人都有过进餐时情绪不稳定的经历。

为此,在保障让孩子吃好、增加营养的同时,还要特别注意使孩子们保持良好的情绪,讲究用餐的心理卫生,为后代的健康成长和正常发育创造一个愉悦舒畅的就餐环境。

尊重孩子的"隐私"
是现代家庭的一种美德

在孩子的成长中,往往有许多不愿意向父母说的"秘密"。特别是刚刚跨入青春期门槛的青少年,心中的"小秘密"会更多一些。心灵的向往,生命的躁动,难忘的相思,荒唐的幻梦,无端的喜怨都可以从他们的眼神、表情、话语、日记、作文中流露出来,这是孩子进入青春期的一种自然现象,是生命进化的表现,不足为怪。

有专家指出:拥有"秘密"是孩子成长的"营养品"。秘密往往与责任是紧紧相连,拥有秘密并能恰当处置,是孩子走向独立的标志。有许多父母往往处于一种尴尬的境地:一方面希望孩子能够独立生活;一方面又想了解孩子的隐私。于是又出现了父母随意翻阅有关孩子隐私的信件、日记本;监听孩子和其他伙伴的谈话;当孩子心中有秘密,如果不想倾吐出来时就用命令的口吻逼着孩子说出来等等,这种行为容易给孩子幼小的心灵打上一个深深的烙印,那就是:父母是不可信任的!当身边最亲近的人让孩子产生不信任感时,孩子会觉得整个世界都是虚伪的,这对诚实品格的培养无疑是一个致命的打击。

据中国青少年研究中心的一项调查发现,近30%的中小学生的日记和信件被父母偷看过。难怪有个学生的信中写道:"我想用世界上最大的声音,告诉所有不信任我们的人:请信任我们,路是我们的,人生是我们的,生命是我们的。我们能够自己装点人生,大人应该给我们一些机会,让我们也试一试,不做一个永久的"观众"!

对待孩子的"隐私",也有另一种情况,如发现孩子有不良嗜好,或者结交了不好的朋友,或者偷偷摸摸表现有不良行为等等,这类"隐私",经过观察和了解,家长必须知道,但必须谨慎行事,选择好时机,用"爱心"和"耐心"进行教育,防微杜渐。有位母亲在翻阅女儿的作业时,无意看见作业后面留有没有撕去的信件草稿,从中发现女儿对班上一位男同学写下了好感与赞美,透露了女儿有恋爱迹象,迅速报告了老师。女儿知道后,认为母亲侵犯了她的隐私权,致使母女俩对立了大半年。

清除孩子的不良"隐私"应谨慎从事,切不可强行拆他们的信件,偷看他们的日记或逼他们"坦白交代",那样,会助长孩子的逆反心理乃至走向事物的反面。了解孩子不等于要掌握孩子的全部秘密。尊重孩子的秘密,保护孩子的隐私权,这是现代家庭的一种美德,应该发扬光大。

·第五章·

排除孩子心理压力的人为因素

孩子带着不好的考试成绩回来
家长怎么办?

　　有位教育心理学家,在谈到"如何增强孩子对成功的喜悦"时,她提出了这样一个问题:"当孩子带着不好的考试成绩回来时家长怎么办?"

　　孩子把考试答卷带回家,算术 40 分,语文 50 分。这种场合做家长的应该对孩子说什么呢?有的家长想办法激发孩子的兴趣,可有的家长"压力山大",使孩子更加悲观扫兴。

　　激发孩子学习兴趣的家长说:"你还是努力了! 不管 50 分也好,40 分也好,总是经过努力取得的。"孩子从家长那里得到他努力的承认,就下决心争取优秀成绩,激发了孩子的责任感。

　　影响孩子学习兴趣的家长一看成绩单,就绷着脸阴沉沉地斥责:"才考了这点点分,真是没出息。下次不考 90 分不准回家。"丝毫不承认孩子得 50 分,40 分也付出了相应的努力。付出的努力得不到承认的孩子很难产生再努力学习的心情。家长要求考 90 分,实际上也难做到,这就加重了孩子的思想负担,以致情绪低落,心神不定,自然挫伤了学习热情。

　　两位家长不同作法区别在哪里呢? 前者充分地理解"成就感"的意义,后者对这个问题毫无认识,这就成了培养孩子喜爱学习与讨厌学习的分水岭。

低分未必非人才

把成才局限在分数上,这是一个错误的认识。分数在一定程度上反映了孩子掌握书本知识的情况,但是,得了高分,不等于孩子处处都好;得了低分,也不能说明孩子一无是处。其实,许多著名人物在学校时并不都是很出色的。大数学家华罗庚在初中时,数学考不到60分。爱因斯坦、丘吉尔也是这样的典型。一家国际研究机构专门对全球 400 名杰出人物进行调查,发现他们都爱学习,但是其中五分之三的人在学校时成绩并不理想。

"唯分数论"的根子是自给自足的小农经济。在那样的社会里,"万般皆下品,唯有读书高",科举考试的分数则是能否成名的关键之处,"十年窗下无人问,一举成名天下闻"。但是现在时代不同了,市场经济下,"三百六十行,行行出状元",分数不再是成才成名的唯一标准,关键是在于一个人有没有适应

社会需要的知识和能力。

做父母的,千万不能求才心切,拔苗助长,辅导终日,唯分是盼。这不但不能如愿,而且会毁了你的孩子。美国有个神童赛达斯,相当聪明,但因父母盼才心切,整天教他读书,6个月会认英文字母,两岁看懂中学课本,4岁时已发表了3篇500字的文章,6岁生日晚会上又写成了一篇论文,12岁破格进入大学,但14岁却因精神病入院。

我们不是赞成孩子考试成绩差是好事,但每个孩子都有自己的特长,每一种特长都会促成他们在商品经济社会里成长为某一方面的人才。因此,愿天下考了低分的孩子的家长们,记着"低分未必非人才"的忠告,少一点焦虑和怒骂,多几分爱心和思考,注意发现孩子的爱好和特长,然后努力创造条件去尽心培养,那么,你一定会如愿以偿的。

千万不要为了"100分",把孩子磨成"100岁!(少年老人)",还孩子童年的"快乐世界",这是年轻父母崇高的思想境界和伟大的历史责任。

不要轻视孩子的申辩

孩子做了令父母不满意的事，有的家长总是不问青红皂白予以责难，因而制造了不少"冤案"。

有一家长，平时对孩子管得特别严。一天，孩子到邻居家去玩了一会，正巧邻居家丢失十元钱。邻居问孩子拿了没有，孩子的爸爸一听，就逼着把钱交出来，孩子根本没有拿，就向爸爸认真解释，可他爸爸一句也听不进去，用皮带把孩子打得皮开肉绽。孩子受了委屈，申辩无门，趁爸爸不在家时，一气之下，喝下了家中的农药死了。不久，邻居在自己家里找到了钱，孩子的爸爸懊悔不已。

在日常生活中，类似的惨事并不多见，但孩子有"冤"无处申，有"苦"无处诉的事并不少见。如，孩子考试得了低分，不少家长往往不问原因，首先就是劈头盖脸地将孩子臭骂一顿；家里有什么东西坏了，就认定是孩子干的。孩子的解释、申辩常常被指定为说谎、犟嘴。

据说，伟大的思想家鲁迅先生有一次在家设宴请客，孩子海婴同席。当一盘鱼丸端上桌时，客人们都说很新鲜，而海婴却说鱼丸是酸的。鲁迅夫人许广平认为儿子胡说八道，便又夹了一只给他，不料，海婴尝了一口，还说是酸的。这下子许广平有些发火了，训斥了儿子几句。海婴于是不高兴，嘟着小嘴一声不响地闷坐着。这时，鲁迅先生把海婴咬过的鱼丸夹起来一尝，果然是酸的，便深有感触地说："孩子说不新鲜,是酸的,一定有他的道理,我们不加以查看,就抹杀了真实情况,是不对的。我们也得尊重孩子们的意见呀!"

人们常说:"孩子嘴里吐真言"。孩子是诚实可信的。当然我们也不否认有的孩子做错了事,为了逃避惩罚而强词夺理,甚至用谎言来哄骗父母。但这毕竟是少数,其形成原因与父母的教育不当有一定关系。因此,每一个家长都应当本着实事求是的态度来对待孩子,耐心地听孩子的解释或申辩,摸清情况,不能凭主观臆断来评价孩子的行为。此外,作为家长,平常也要创立和谐民主的家庭气氛,养成尊重孩子的习惯,让孩子敢讲真话,允许孩子申辩,这样,冤枉孩子的事就难以发生了。

选择保持心理距离的教育方法

思想教育之于人应是科学而艺术的,家庭教育也不例外。但有调查表明,愿意并乐于接受父母教育的孩子(小学高年级和初中生)不足 1/3,80%以上的孩子希望家长能给予充分的了解和信任,有的甚至希望家长对自己"不管不问"。这说明家庭教育一旦和孩子的实际需要是背离的,就容易使孩子产生逆反心理。孩子入学成长,家长理应多操心,多做工作,可结果常常是收效甚微,甚至适得其反。

这究竟是什么原因呢?

根据瑞士心理学派美学家布洛的心理距离学说的理论,对艺术和现实审美活动的一个基本原则是保持适当的心理距离。即在心理上和审美对象保持一种距离,不考虑审美对象和自己的实用需要有什么利害关系,只进行审美欣赏。也就是说,人在接触和感知外界美的事物时,要采取一种超然于和脱离开生活实用目的的态度。

在日常生活中,我们常有这样的体会:一个你很敬佩的人,由于相处过密,对方缺点日渐暴露,你不知不觉就会改变原有的感情,变为失望甚至是讨厌。这实际是心理距离没有把握好所致。作为家长,我们应充分认识到这一点,使自己和孩子保持适当的心理距离,不要总唠唠叨叨、喋喋不休,不要把该说的不该说的统统都说了。否则,只会使孩子认为反正是那么回事;或是使孩子产生失落感和逆反心理。而逆反心理一产生，心理距离便被破坏了，这时即使你说出恳切真言，也无济于事。许多家长为好说歹说孩子都听不进而感到纳闷，有的家长也因孩子很信服老师而感到奇怪，其根源就是由于心理距离把握的差距而造成的。

　　教育专家们提出，家长应降低对子女的期望值，不要处处与人攀比，不要总望子成龙，要创造一个和谐而宽松的家庭氛围，给孩子以充分的民主选择，让其慢慢成为主宰自我的主人。实际上，这便是调整心理距离的思想认识。要给孩子以宽容、深沉的爱，不唯己独尊，不急求功利；要少点哆嗦唠叨，少点苦口婆心，少些苛刻要求；要轻松点，超脱点。这样，反倒会获得事半功倍的教育效果，孩子是定会勇于并乐于接受教育的。

不宜把孩子当做观赏取乐的"玩物"

　　孩子天真烂漫，惹人喜爱。大概因为这个缘故，在日常生活中，我们常见有些成人和家长，把孩子当做观赏取乐的玩物，无形中给孩子的身心发展造成了不良影响。

　　有的父母，借打扮孩子取乐，给孩子穿得漂亮一点，显示孩子的活泼可爱，是完全可以理解的。可是有的家长，把孩子打扮得怪模怪样的，女孩子烫头发、戴项链、涂口红、染指甲；男孩子穿女装、留长头发。有的竟把女孩子化妆成男孩子，男孩子化妆成女孩子。诸如此类，做父母的觉得很开心，而孩子却受害不浅。

　　打扮得怪模怪样的孩子，往往会产生一种虚荣心。他们喜欢在穿着上炫耀自己，嫉妒别人，逐渐形成挑剔衣着、追求打扮、不爱劳动、不能集中注意力学习等坏习惯。至于女扮男装，男扮女装，久而久之，更容易使孩子产生变态心理。

　　有的父母，让孩子到处"表演"，增加自己的乐趣，显示孩子的聪明。平时让孩子唱唱跳跳，是完全正当的，也可以增进孩子身心健康。可是，有的家长，每逢走亲访友或亲朋团聚，都要反反复复让孩子唱歌、跳舞、朗诵、表演一番，以引起许多人喝彩、捧场。孩子的父母觉得飘飘然，自以为教子有方，十分光彩。殊不知长此以往，孩子在赞扬声中成长，就会形成骄傲自大、只想受表扬、不能接受批评的不良性格，滋长爱出风头、不踏实的作风，而孩子的某些才能，也因此得不到较好的发展。至于内容不健康的表演，更会摧残孩子幼小的心灵。

有的家长，经常戏弄孩子，引诱孩子打打骂骂开玩笑。有的母亲教孩子去打爸爸几下，骂爸爸"丑鬼""坏人"，而爸爸也要孩子骂妈妈。有的人骗孩子喊他"爸爸""爷爷"，骂别人"坏蛋"，或要孩子偷偷地把别人口袋里的东西摸出来。这样任意戏弄他们，而天真无邪的孩子却照办无误，时间一久，孩子就会是非不分，沾上了骂人、打人、捉弄人的不良习惯，就更谈不上培养孩子礼貌待人的文明行为了。这种孩子在集体中也往往使人讨厌，不受同伴欢迎！

上述种种现象所产生的严重后果，并不是在当时就看得出来的，而往往是在孩子成长过程中逐渐显现出来的。有些家长在子女形成某些不良行为后，往往责怪孩子不上进，殊不知"种瓜得瓜，种豆得豆"，这些后果，正是自己把孩子当做玩物造成的。

"心罚"对孩子的危害极大

在家庭教育中,有一成功经验,即:父母对孩子既不能溺爱,也不能体罚,更不能"心罚"。前两条很容易理解,溺爱易出逆子,体罚易酿惨祸,这是很多实例早已证明了的。唯有"心罚"则很容易被人们忽视。有很多做父母的在教育孩子时都在自觉或不自觉地进行着"心罚"。"心罚"危害极大,必须引起父母的高度注意。

什么是"心罚"?"心罚"就是一种心灵上的惩罚。其表现形式有四种:

一是严格控制。孩子的一言一行都在父母的严格控制之下。父母的意志、愿望,孩子只能绝对服从,不可越轨半步,稍有越轨,便会遭到父母的严厉斥责、恐吓。

二是横眉冷对。孩子做错事或不听话时,既不体罚,又不进行耐心说服,而是横眉冷对,冷鼻子冷脸。

三是语言贬斥。不顾孩子的实际情况,用成人或神童的标准要求孩子,达不到标准就以侮辱语言肆意贬斥,如"笨蛋""木脑袋""不可救药"等。经常受贬斥的孩子因为自尊心受到了极大的伤害,智力和心理发展是非常低下的,甚至比经常受到体罚的孩子还要低下。

四是视而不见。由于做父母的对孩子的期望值过高,总是盼着孩子成龙成凤,因此对孩子的缺点、错误看得一清二楚,而对孩子的优点、成绩却视而不见,孩子本来已经够努力的了,学习成绩已经够不错的了,但因为没有达到理想标准,做父母的就全盘抹杀。

以上四种"心罚"很容易造成孩子的心理扭曲。因为其恶果要经过较长时间才反映出来,不易引起人们的注意,所以被人们称为是一种看不见的"灾难"。

少儿时代是人生中一个重要的时期,做父母的在这个关键时期对孩子的教诲,往往可以成为孩子终身的座右铭。相反,如果做父母的在这个时期忽视了对孩子的尊重,经常对孩子"心罚",那也会在孩子心目中留下抹不去的阴影,直到长大成人,他们也难以忘记。

"心罚"危害极大,戒除"心罚",办法有四:

一是经常跟孩子交流感情。通过语言表达,或是通过行为表现。使孩子产生温暖、亲切、愉快的情绪;

二是经常跟孩子沟通信息。只有沟通信息才能加深了解,只有相互了解才能相互信任;

三是要适应孩子的个性。每个孩子有每个孩子的个性,父母要客观地、理智地看待孩子的个性,热情地欣赏孩子的优点,看孩子的优点多了,自然看缺点就少了;

四是要做到心理相容。包括平等、自制、存异、信任。"平等"是心理相应的基础,"自制"是父母善于控制自己的感情;"存异"即尊重孩子的兴趣爱好,允许孩子给自己保留一块独立的天地;"信任"即做父母的要信任孩子,不信任则无法相容。

"心罚"危害孩子的心理健康,愿每个做父母的切莫对孩子"心罚"。

哪些家庭容易引起孩子
不健康的心理

孩子的成长包括生理和心理两个方面,人们往往重视前者,忽视后者。殊不知,健康的心理同强壮的身体一样重要,因为它直接关系到孩子人格的塑造。那么,哪些家庭容易引起孩子不健康的心理呢?

一、残缺的家庭。其中包括父母去世、离异和长期寄养在别人家这三种。由于失去父母应有的抚爱,缺乏心灵倾诉的对象,孩子便会产生失落感、孤寂感、性格变得内向、孤僻;有的甚至对别的孩子产生敌意,攻击他们。

二、经常吵闹、打斗的家庭。孩子经常处于心惊肉跳、无所适从的境地,他们因此而胆小懦弱,对同伴交往失去信心,严重的甚至厌世。有的则变得脾气暴躁,言行粗野。

三、自私自利的家庭。父母私心严重、处处爱占小便宜,虐待老人,常同邻居争吵,难与同伴相处。

四、缺乏民主气氛的家庭。有些父母采取封建式的棍棒教育,独断专行,要求孩子绝对服从,以致孩子思维迟钝,对事物反应不灵敏,接受能力弱,缺乏独立的意识。

五、不廉洁的干部家庭。孩子经常耳濡目染父母以权谋私、借公挥霍的情况,自然产生庸俗势利、依仗父母、不思进取的缺点。他们有盲目的优越感,看不起周围的伙伴,甚至恃强凌弱,毫无同情心。

六、经济困难的家庭。孩子因为父母经济能力限制,他们无论生活用品还是学习用品,都明显比同伴差,这也容易使他们产生自卑感。

七、行为不检点的家庭。有些父母当着孩子的面做出亲热的举止,向孩子释放"性信息"。有的甚至连性生活也不防范,驱使孩子提前产生性意识。在没有正确引导的前提下,孩子的性冲动有可能糊里糊涂地导致性犯罪。

上述这些家庭的这些情形,都会引起孩子不健康的心理,使他们的身心健康成长受到妨碍,我们应设法防治。

减轻孩子过重的"心理负担"

孩子的负担过重，包括课程负担、作业负担、家务负担、经济负担等等。其中作业负担过重表现得十分明显，有目共睹。但比作业负担过重更影响孩子身心健康发展的还有过重的"心理负担"。

过重的心理负担主要来自家长，来自家长的"望子成龙"心切，一味要求孩子考上高分数，考进重点学校，处处给孩子加压力。搞学习，没有适当的压力也不行。适当的压力，会转化成孩子的责任感、追求感、上进心。但压力太大，就会走向反面。因为孩子正处在成长的关键时刻，生理与心理的承受能力有限，压力过重，就会使动力变成阻力，甚至把孩子从心理上压垮。心理上一垮，人的精神便无法承受。现实生活中，有极个别的孩子被"压"得无奈，甚至选择出走、自杀来求得解脱。造成这样的惨剧，实在可悲可怕。

因此，家长必须明白，孩子能考上高分数，能读重点中学、重点大学，固然是好事。但孩子将来能不能成才，不见得只有这一条路。自学成才者屡见不鲜，就业之后，再接受继续

教育,同样可以成才。

　　无数事实告诉我们:上大学深造是重要的,掌握书本知识也是重要的,但一切间接的知识只有通过实践才有实际意义。孩子在一生的漫长岁月中,勇于实践,敢于拼搏,一定能成就大业。

　　家长要懂得,孩子的心理压力太大,并不利于他们学习。因为在高度压力下的精神状态无法平静。可怜的孩子时时刻刻把一幅"恐怖"的情景摆在面前,一遇学习就如履薄冰,战战兢兢,在这种心态下,能搞好学习吗?只有解除他们的心理负担,心情舒畅了,情绪轻松了,他们的思维才会活跃起来,真正做到"好好学习,天天向上"。

掌握儿童心境的变化合理施教

心境对儿童的学习、生活有很大的影响,积极的心境使人振奋,消极的心境使人颓丧。因此,家长和教师要因势利导,研究儿童心境的变化,不要盲目施教。

一、根据不同的个性特点采取不同的教育方法

人的气质、性格直接影响着人的情绪趋向。个性内向型的儿童,内心体验丰富,但不轻易外露,容易产生持久而深刻的消极心境,对这类儿童的教育态度要和缓,重在开导,让其逐渐想通,不在众人面前批评,充分尊重他们,使其愉快地接受。个性外向型的儿童,内心激情容易爆发,消极情绪也较容易消除。对这类儿童的批评教育,可以允许他们把心里的意见倾吐,然后指出某方面的错误,并与其说理,这时比较严厉一点,问题也不大,因为这类儿童消极心境持续不会太长。

二、选择心境良好的时机进行教育

心境直接影响人对外界事物的认识态度。儿童心境积极愉快的时候,他们学习活动积极主动,接受和理解的效益都较高,师长的批评教育容易被接受;儿童心境消极、闷闷不乐的时候,一切事物都被

染上不悦的情绪色彩,当然,对师长的批评教育容易产生抵触情绪。所以家长、教师要善于捕捉儿童心境的变化,在儿童心境愉快的时候进行批评教育,避免进一步刺激他们消极的心境。如选择在儿童取得较好成绩的时候,得到表扬和奖励以后或参加愉快的活动回来,因势利导,提出意见,教育帮助效果较好。

三、批评教育要注意时间的选择

一些家长往往在早上匆匆忙忙要上班的时候,胡乱地给孩子批评一气。由于心境是一种持续作用的情绪体验,这样批评有可能使儿童一整个上午或一整天都浸入郁郁不欢的消极心境中,影响了学习和活动的情绪,甚至容易引起和同学吵架。有的家长利用吃饭时间批评儿童,引起儿童心情难过,吃不好饭,甚至放下碗筷不吃,或把儿童关在房间里等等,使儿童的身心健康受到严重伤害。所以,批评教育最好选择在学习告一段落的时候或活动后、放学前、晚饭后之类的时间,使儿童影响学习时间较短或因活动内容变换而较快地冲淡了。

虚伪夸赞孩子的害处

称赞是最好的勉励,但必须实实在在,来不得半点虚伪。不难发现有相当一部分年轻父母,喜欢称赞自己的孩子。夸耀孩子如何俊秀,如何聪明,如何懂礼貌等等。旁人听起来直觉得羡慕,可一见孩子的面就感到与父母夸赞的大不一样了。

海外有儿童教育专家和心理学家们对这种现象做了大量研究后指出:那些特别喜欢称赞孩子的母亲,大都有较强的虚荣心理或自卑心理。她们要借孩子聪明乖巧的形象,来说明自己的成功和贤惠。她们比一般女人更要面子,常以为自身在某些方面形象不够理想,虽然没有人对她表示轻蔑,但她自己却感到别人看不起她。于是,便形成一种保护自己的行为方式,即以一个众人称赞的孩子形象,给自己以心理上的支持和安慰。这样做,虽然给大人带来一点心理上的平衡,殊不知,给孩子带来的却是十足的负效应。

在孩子健康成长的道路上,需要长辈们的赞扬和爱护,但同样也需要批评和教训。在虚伪的称赞声中长大的孩子,心理承受能力一般较差,当他们离开家庭时,将很难适应社会大家庭较为统一的价值观和道德规范,从而严重影响孩子的身心健康。

理顺孩子逆反心理的主要对策

　　学龄儿童处于由不成熟到成熟,由不定型到定型的过渡时期,身心状况变化大,国内外一些心理学家称儿童这一时期为危险期、烦恼期、反抗期、心理断乳期。学龄儿童虽已开始接受学校、社会教育,但在家时间长,与家长情感密切,自然依存家长。因此,帮助儿童心理断乳,对儿童身心健康发展起着至关重要的作用。

　　家庭教育是门边缘性科学,涉及心理学、生理学、教育学、伦理学等多种学科。凭感情娇养或凭经验蛮管是不会达到教育目的的。如何减少家庭教育的负效应,防止和矫正学龄儿童的逆反心理,总结各地经验,可从以下几方面着力:

　　一、爱而有度。 爱孩子是人类的天性和美德,爱能使孩子感受到温暖和幸福,使孩子树立信心和进取精神,但是爱的内涵不仅仅是对孩子的呵护,还包含着全面关心孩子健康成长的社会责任。大文豪高尔基说:"爱孩子,这是母鸡也会的事,可是要善于教育他们,这就是国家的一桩大事,这需要有才能和渊博的生活知识。"因此,理智的家庭应体现在对孩子生活上关心照顾,思想上严格要求,人格上尊重信任,态度上民主平等。美国哈佛大学威兰特先生及助手曾对490多个十岁左右的男孩跟踪观察四十年,研究结果表明,从小不娇惯,培养了独立自理能力的人,其信心、意志和能力两倍于父母羽翼下长大的同龄人，可见适度的爱，才能充实孩子感情贮存库，促进其成长和独立。

二、**教而有理**。古人云："养不教，父之过"，"玉不琢，不成器"，言简意赅地阐明了养子必教的道理，而教育最基本的要求是讲理，要以理服人，不要以力压人。因此，家长不能强行左右孩子的意愿，无理干涉孩子的行为，必须根据学龄儿童是非不分明，行为难自制的特点，像古代孟母断织执教、岳母刺字教子那样，简单、明确、具体地以认知引导，耐心启发，让他们心悦诚服地接受教育，明白道理，掌握一定的行为准则。

三、**激而有励**。孩子是喜欢奖励的。要经常对孩子采用多种激励法，使孩子幼小的心灵火花迸发光彩。前苏联教育家马卡连柯说："孩子是活生生的生命，美好的生命，因此他们和大人一样，同样具有尊严的需要。"所以，激不可偏激，不能用"笨蛋""蠢货"等恶语挖苦咒骂，否则会挫伤孩子的自尊心。孩子虽小，自尊心和荣誉感较强，希望得到人们的尊重和赞扬，当自尊心受到伤害和嘲弄时，或郁积在心，或强烈反抗，甚至在幼小的心灵上留下难以消除的创伤。

四、**严而有格**。俗话说："严是爱，松是害"。严格要求是对孩子的一种关心爱护，是一条重要的教育原则，但严的格调要根据孩子的身心特点、知识

水平等实际情况提出短期和长期的标准、计划、规矩。父母若对孩子提出过高的要求会使孩子感到望尘莫及，形成对立情绪。再者，超负荷、超阶段的教育不仅使孩子食而不化，反而会损害孩子的身心健康。美国一位心理学家为了使其孩子成为天才，孩子刚出世就在小床周围挂满英文字母，以各种学科知识包围。过重的负担，损坏了他的身体，14岁就成为精神病患者。

五、行而有信。古代教育家孔子说："其身正，不令则行；其身不正，虽令不行。"陈鹤琴先生说："做父母的一举一动都直接或间接影响小孩……父母的影响比任何影响来得大。"这些论述深刻地告诫人们：身教重于言教，家长在孩子心目中是一个被崇拜者，要有一定的威信。事实也是如此，据对湖南省近年表彰的700多名优秀家长的调查，威信很高的62%，威信较高的38%，而且他们的威信以自身的示范作用获得的占49.78%。

教育孩子是一种以人格培养人格，以灵魂塑造灵魂，以形象影响形象的诚实劳动，来不得半点虚假、空洞和装饰。"说一千，道一万，不如自己做个样。"

怎样培养孩子的"抗挫"能力

　　心理学家认为,挫折在形成自我激励、自我强化和意志品质过程中具有重大作用,特别是在应急的心理素质上,别的心理训练是无法替代的。适时和适度的挫折教育是十分必要的,这有助于孩子自我调节,选择行为,克服困难。有几位心理学家收集并整理了历史上近300名杰出人才传记资料,发现他们幼时除智力、求知欲、进取心、读写速度、说理能力以及认真、严肃、果断等素质超越常人外,90%的人都具有顽强的性格、成名的志向和毅力,其中不少人还有或大或小的不幸遭遇。对待挫折的正确态度和克服挫折的不懈努力,奠定了他们良好的心理基础。

　　有人提出:一年平均下来,有多少顺风,也有多少逆风。人生也一样,总体平均下来,有多少成功,也有多少挫折。要想成功,就别怕挫折;害怕挫折,就不会有成功。

　　怎样培养孩子的抗挫能力,有两个例子,可有启发:

例一:

　　学校即将举行儿童节演讲比赛,元元第一个报了名。报名后,她在家进行了全面的"备战"。但比赛那天,却发生了一个意外,当轮到元元上台演讲时,她因走得过急摔了一跤,结果影响了她的发挥。这次比赛,元元没有取得名次。回家后,元元将比赛的事说给妈妈听,妈妈随即给她讲起了古代刘邦与项羽的故事。屡战屡败的刘邦越败越勇,后来终于在垓下一战,打败了实力强大的项羽。听完故事,元元擦干眼泪,咬着嘴唇说:"妈妈,你们放心吧,这次失利打不垮我,你们看我下次的表现吧!"

数月之后,在国庆演讲比赛中,元元终于捧回了全校第一名的奖杯,并自豪地对爸爸妈妈说:"失败是成功之母。这回我真懂了。"

例二:

美国第35任总统肯尼迪的父亲,从小注意对儿子独立性格、精神品质与抗挫能力的培养。

有一次,他赶着的马车上坐着小肯尼迪,在一拐弯处不幸把儿子甩下去了,儿子叫道:"爸爸,快来扶我!"他爸爸停了车,但却在车上悠闲地掏出烟吸取起来。

"爸爸,我自己感觉站不起来!"小肯尼迪带着哭声说。

"那也要坚持站起来,重新爬上马车。"

小肯尼迪挣扎着自己站了起来,摇摇晃晃地走近马车,艰难地爬上车了。

回到家里,爸爸把今天车上发生的事问起小肯尼迪,说:"你知道我今天为什么不扶你上车吗?"

儿子摇了摇头。

爸爸说:"人生就是这样,跌倒,爬起来,奔跑;再跌倒,再爬起来,再奔跑……"

从那以后,儿子对大人的依赖性就明显减少了。

孩子做错了事怎么办

孩子是天真而又淘气的。在生活中,由于好奇心的驱使,他们常常会犯些错误。那么,当他们做错了事,家长该如何去教育呢?

一、应及时教育。事过境迁再进行教育,会使孩子失去身临其境的感觉。

二、应避免多次重复教育。如父亲说了,母亲又接着说;今天说了,明天又重复说,这样会使孩子产生逆反心理。

三、在进行教育时,必须晓之以理,动之以情,使孩子明白所做的事为什么不对,错在哪里,会有什么后果。

四、能在家里进行教育的,不必拿到外面去。要将影响降至最低点,共同保护孩子幼小的心灵。

五、教育必须保持一致性,切忌感情用事。如孩子做错了一件事,父母应取得一致的看法,以免使孩子无所适从,难辨是非。

六、教育方式因人而异。对性格开朗、乐观、幽默、活泼的孩子可稍加严厉,但要注意分寸。对性格内向、胆小、自尊心强的孩子要特别慎重,尽量做到轻言细语,不伤情面。

七、要善于转移孩子的注意力,不让他因此留下心理阴影,背上思想包袱。想办法给孩子一个改错的机会,让他完成一件可以胜任的任务将功补错,以减轻孩子的精神负担。

这朵"大红花"该不该戴

　　有位年轻的母亲，看到邻居的孩子在学校得了大红花高兴地戴回家，受到邻里和家长的夸奖，当然盼望自己读小学二年级的女儿也能戴上大红花。有一天，小女儿终于戴上一朵大红花笑眯眯地回来了，母亲十分高兴地把女儿抱在怀里。可当她从女儿口中知道这朵大红花是因为参加打扫厕所等义务劳动而得到的时候，脸色马上变了，一手把孩子胸前的大红花扯下往地上一丢，生气地说："你呀！没出息的东西！别人得大红花是学习好，唱歌跳舞好，你呀，扫厕所……"女儿呜呜地哭了，哭得很伤心。自此以后，这个孩子再也不参加学校里任何劳动了。

　　可见，这位母亲扯掉的不仅仅是一朵大红花，而是孩子热爱劳动的崇高美德。同时也使学校教育与家庭教育形成严重反差，各唱各的调，各吹各的号，不仅使孩子在学习和品德上畸形发展，还会使孩子造成是非观念模糊，进而对所有长辈都失去敬意与信心，教育目标也就难以实现了。

对"强人"教育的科学认识

"强人"教育是强国教育发展的基础之一，一切身心发育健康的孩子都理应成为某个方面、某种程度、某个范围的"强人"。

一、"强人"是相对的,有层次性的。正如体育冠军一样,有世界级的,有国家级的,还有省级、县级、校级的。不要把"强人"神秘化。

二、七十二行,行行可以出"强人"。有如科学家一样,华罗庚是数学方面的"强人",李四光是地质学方面的"强人",而钱三强却是原子物理学方面的"强人",钱学森是"导弹之父",袁隆平又是"杂交水稻之父"……杰出的科学家、著名作家、世界冠军、战斗英雄、劳动模范、能工巧匠、生意能手、企业明星……都是时代的强者。

三、"强人"不是天生的,是环境影响与教育的结果。一切堪称强人的人,无不与环境、教育有着密切的关系。特别是像奥斯特洛夫斯基、吴运铎、张海迪这样的身残志坚的英雄人物,其志之所以坚,就是因为教育使他们能正确认识人生的价值,进而产生坚强的信念,能战胜平常人难以想象的困难。

四、培养孩子从小树立强人健康的成功心理。有心理学家把强人的成功心理分为两类:一是单纯追求荣誉的成功心理,另一种是做好工作的成功心理。前者有动机在于赢得荣誉,而对其所从事的具体工作并不一定特别感兴趣;后者是对自己所经手的每件事,敢于担当,埋头苦干,遇到困难,迎难而上,不干好绝不放手,这是一种强烈的事业心和责任感,是一种成熟而健康的成功的心理,是一种优秀的心理品质。是强人"强"的具体表现,要教育孩子,摒弃前者,坚定后者,在成功的道路上,勇往直前,永远立于不败之地。

五、要帮助孩子走出情绪低谷,朝"强人"的目标前进。现在许多家长面临一个实际问题,就是当孩子在学校里成绩不好,或升学失败之后,往往容易丧失信心。孩子没有勇气往"强人"的目标冲刺,家长也十分苦恼。碰上这样的事,做父母的一定要百倍的冷静,自己不要丧失信心;要细心观察,发现孩子的优点,选取新的突破口,给孩子引路,绕过他的难关,捕捉他新的闪光点,给他创造成功的机遇,使他在某些方面失败之后,又有在别的方面重新获得成功的希望,从而鼓起他的勇气,让他走出情绪上的低谷。七十二行,行行都可以造就出"强人"。所以,孩子假如考试失败,还可以在工作、生产、劳动中成为"强人",无数的事实都证明了这一点。爱迪生、爱因斯坦均曾被老师视为差生。爱迪生还是被老师赶出校门的孩子呢!其实,任何一个孩子都不可能所有的功课都差,由于"应试教育"的弊端,往往是由于一两科成绩差把他拉垮的。这样,虽然局部垮了,但他的整体完全可以振作起来,选择另一个方面,同样可以创造新的辉煌。

特别关注农村"留守儿童"的家庭教育

顺应市场经济发展的潮流,农友进城务工、经商、创业这是适应农村产业结构调整,加快城市化建设,实现劳动力转移的一个新的发

展趋势。但带来一个新的问题是:远离父母的"留守儿童"逐渐增多,有的地方占到在校学生的 50%、60%,高的达到 70%,其中由爷爷、奶奶、外公、外婆监管的一般在 70%左右,委托亲朋托管的在 20%左右,留校寄宿或独立生活的一般只占 10%左右。

父母外出务工、经商致富,进而为孩子学习创造更有利条件,无可非议,但有的地方出现了"家教抛荒"的现象。如:不少孩子十分想念亲人,心态不好,对学习情绪影响很大。有个学校在一次"留守儿童"的调查中,发现调查表上填得满满的。有的孩子写上:"天天想妈妈,常常掉眼泪","看到同学的爸爸妈妈常常在身边,羡慕他们多么幸福!"有的甚至写上:"你们不管我,何必生下我!"约有

60%的监护人,文化知识偏低,与孩子无法在学习上沟通,以致很多孩子学习成绩显著下降,由于监管不力,不少孩子放任自流,沾污了不少坏习惯。

"留守儿童"的家庭教育是一个新课题,解决这一问题,除了加强城市农民工子弟学校建设,农村寄宿制学校建设,开办代管人培训班等措施外,如何使家长与孩子及时沟通,如何选好监护人与提高他们的素质,如何引导孩子增强自强、自立与自我保护意识,拓展他们自我生存与自我发展的空间等等,这些方面的研究与实施,已经迫不及待了。希望各级政府、社会各界特别是广大教育工作者,都来关注这件大事,都为此献智、献心、献力。这件事办好了,引导这群天真活泼的孩子不误年华,茁壮成长,实乃功德无量。

残疾儿童的家长怎样对待苦命的孩子

在我们的社会中,最不幸的恐怕就是那些残疾孩子的家庭了。这些家庭的孩子痛苦,家长受累,稍有不慎还会闹出事故来。家长应当倍加小心,照料好自己苦命的孩子。

一、温暖孩子受伤的心灵。残疾儿童从小就在用眼观察、用脑思考自己与健康儿童的区别,尽管他们的观察、思考可能不太正常,但他们还是能感觉到自己不如别人的地方, 常常为不能和小朋友一块上学读书、玩耍而苦恼。多数残疾儿童有严重的自卑感,对生活缺乏热情。如果再受到讥讽、歧视,他们简直难以生活下去,有的孩子还会以自杀寻求解脱。家长一定要以自己火热的心、温暖的爱,去关心和体贴孩子,使其充满生活的信心和勇气。

二、设法给孩子做康复治疗。残疾儿童根本上得到好转的是康复措施。现在从中央到地方建立了许多残疾人康复医疗机构,多数治疗项目是免费的或是低收费的,家长要设法让孩子去接受治疗和训练。当然,仅靠康复机构是不行的,家长要配合对孩子进行习惯训练,还要在孩子的营养、服药、使用康复器具上按要求办事,只要坚持下去,绝大多数残疾患儿的生理功能是会得到不同程度的恢复、补偿和提高的。

三、指导孩子扬长避短地生活。多数残疾儿童是在某一两个方面有生理机能缺陷,而人的生理机能往往是此短彼长的,比如盲人失去视觉后,听觉和触觉会特别灵敏;下肢残者往往上肢灵巧。东方不亮西方亮,水路不通旱路通,家长要教育子女从黑暗中看到光明,全国供残疾人就读的特种学校有 1000 余所, 普通学校的特教班有 3000 多个,一些大专院校已开始招收残疾青年。家长应尽可能把孩子送入学校学习, 使孩子能够掌握最基础的科学文化知识和一两种职业本领,为将来生活基本自立打下好的基础。

释放孩子心理压力的方法

一、文字表述法。写信、写短文、写日记,都可以让孩子直截了当地说出自己内心的压抑。家庭中还可以设一个"留言簿",把它放在不太醒目的地方, 随时可以写上三言两语。这种用书面平等交流的方式,避免了面对面发牢骚而可能产生的心理障碍,时间上也有一定的灵活性。

二、口头建议法。在与孩子交谈时,经常鼓励孩子对生活、对他人、对学习、对家庭、对爸爸妈妈、爷爷奶奶提出各种意见或建议。也就是说,对孩子的心理压力,不是一味地要求他直接说出来,而是通过反话正说的方式,让其自然流露,这实际上也是释放心理压力的有效方法。

三、展示优势法。每个孩子,都有自己的优点、优势,家长不仅要及时发现,充分肯定,特别是他在不自觉中表现出来的优点,还要有意识地提供场合和机会,让孩子充分展示自己的优势。比如,他会唱歌,就鼓励他参加学校或社区的"音乐晚会""文艺晚会";他会打球,就鼓励他去参加"球赛"或组织"球队";他会绘画,就鼓励他举办"手抄报""墙报"或"美术展览"等等,通过这些活动,使他化解烦恼、忧闷,获得愉悦感、成就感,扬长避短,树立起自信心、自豪感,从而养成积极、乐观、向上的良好心态。

维护孩子的"尊严"比什么都重要

人最宝贵的是生命，生命最宝贵的是"尊严"。今天的孩子，最害怕的不是棍棒，不是拳头，最害怕是失去面子，失去"尊严"。家长稍不注意，伤害了孩子的"尊严"，等于伤害了孩子的元气，这在相当长时间里，无法弥补，甚至还可酿成"悲剧""惨剧"。

比如孩子考试成绩不理想，爸爸妈妈则当着邻居或亲朋好友把他的成绩公开，甚至施以惩罚，他本来压力很大了，"火上加油"，使他更加难过了，甚至见人就躲。

有个贫困孩子，写了一篇文章，题目叫《橘皮》。就说他家里十分困难，父亲又患了哮喘病咳得很厉害。他听说橘皮煎水喝能治哮喘病，便偷偷地拿走了教室窗台上晾着的干橘皮。可老师发现了这件事,但得知情况后,内心很沉重。一直替他保密,没有对别人说过。孩子从内心里感激这位老师,这种感激之情,几乎一直在激励着孩子用力来回报恩人。

"尊严"是人类灵魂中不可糟蹋的东西。一位哲人说过:人受到震动有种种不同,有的是在脊椎骨上,有的是在神经上,有的是在道德上、感受上,然而最强烈的,最持久的是在人的"尊严"上。一个从小失去"尊严"的孩子,长大后很难堂堂正正做人,很难拥有健全的人格。

有人说:"地震与战争毁坏的房屋是可以修复的,但是,地震与战争造成的妻离子散、家破人亡,在人们心灵中留下的创伤是无法修复的。"作为父母,对自己的孩子要永远充满爱意,孩子犯了错,哪怕是犯了罪,还是重在教育挽救,永远不能歧视他,也永远不能说"给我滚出去!""我不想见你了!"这样伤"心"的话。因为"家"永远是孩子安身立命的地方,除了家,除了生身养身的爸爸妈妈,他还有什么温暖的地方可以去呢?

·第六章·

打开孩子走向大自然的绿色通道

大自然是一部最美的教科书

  大自然是一部最美的教科书,这里包含着生物学、地理学、遗传学、植物学、化学等各方面丰富的知识。

  十八世纪伟大的思想家、教育家卢梭曾指出,对于儿童来说:"他们周围的事物就是一本书",认为大自然是教育的重要来源之一,主张让儿童到大自然中去学习大自然。

  在人类历史上,许多名人、伟人都十分重视大自然的魅力。我国伟大的文化战士郭沫若的童年就是在磅礴连绵的峨眉山下、波涛汹涌的大渡河畔度过的。气势雄伟的自然风光不断熏陶着他幼小的心灵,为他后来成为一位浪漫主义诗人奠定了良好的基础。列宁的父母也非常重视自然对孩子健康成长的作用,他们全家经常到伏尔加河沿岸观看河水,到森林中散步,观看日出和日落时的自然景色。马克思夫妇也经常带领孩子到动物园、植物园去,或者出去郊游,与孩子们一起观赏鸟类,捕捉蝴蝶,采摘各种花草。

  家长们应该从繁忙的工作中抬起头来,在不同的季节里,选择一些日子,陪伴着孩子走进大自然,欣赏大自然。

  春天,和煦的阳光洒在身上,暖洋洋的微风吹拂着脸庞,让孩子领略生命复苏的美好景象;夏天,让孩子在酷热中体会煎熬的滋味,在骄阳中倾听知了的歌唱,享受人们难以描述的愉快;秋天,头顶蓝天,秋高气爽,脚下大地,一片金黄,果园里树上挂满累累硕果,田野里长满金色的稻谷、白云般的棉花,这是一个成熟的季节,让孩子感受劳动的意义,体验人生的价值;冬天,面对刺骨的寒风、漫天的雪花,告诉孩子在人生的道路上困难重重,一定要有战胜困难的坚强意志,同时,还可以鼓励孩子同朋友们在一块去滚雪球、堆雪人、打雪仗,让他们在雪野里尽情欢乐,全身心地去感受自然的美好风光,增强他们珍惜童年的情感。

大自然是绿色的海洋。色彩研究者和心理学家认为,人置身于绿色环境里,皮肤温度可以降低 1~2.2℃,脉搏每分钟减少 4 至 8 次,呼吸减慢,血压降低,心脏负担减轻。绿色,可使一天紧张学习的孩子,缓和紧张,消除疲劳,以饱满的精神,迎接新的学习任务。

引导孩子学习大自然,欣赏大自然,体验大自然,研究大自然,培养孩子随和开朗的性格,奠定与大自然和谐相处的人生基础,这对孩子的健康成长与促进社会的文明进步将会带来巨大的影响力。

大自然是美好的,在大自然中成长的孩子更具有人格魅力。

孩子和大自然接触
有利于多元智力开发

正在长知识、长身体、身心发育处在"黄金时刻"的孩子,如果没有和大自然接触的机会,没有在大自然中学习、探索、体验的经历,孩子的感觉、知觉都会受到影响,很容易变得孤独、焦躁、易怒,在道德、情感、审美、智力开发中有所缺乏,以至犯上"自然缺乏症"。

有专家指出:经常与大自然接触的孩子,可以形成以下一些特征,有利于多元智力开发:

一、拥有敏锐的感受能力,包括视觉、听觉、嗅觉、味觉和触觉;

二、随时可以运用这些敏锐的感觉发现并区分自然界中的事物;

三、喜欢户外运动,如园艺、野外远足和观察自然现象的实地考察;

四、容易观察到周围的形状——相同之处、不同之处、相似之处和不正常之处;

五、对动物和植物感兴趣,并细心照料它们;

六、能观察到环境中他人无法察觉的细微之处;

七、创建、保管或拥有自然物品的观察记录、素描、图画、照片或标本;

八、从小就对与自然、科学或动物有关的电视节目、视频、书籍或物品非常感兴趣；

九、表现出对环境保护和濒危物种的强烈意识；

十、可以轻松地记住自然界中发现的物品或种类的特征、名称、分类和数据……

"自然缺乏症"听起来是个新词,但当今引发这种症状的现象却在一天天增多。随着城镇化的加快发展,农民进城的日益增多,孩子亲近自然的机会也在逐渐减少。此时此刻,如果家长只忙着用各种培训班填满孩子的假日与课余时间,如果我们的孩子只待在屋子里、房子里看电视、玩手机、上网玩游戏机、做家庭作业,失去了亲近大自然的机会,错失了大自然这个青山绿水,千姿百态的大课堂,使孩子的感官限制在单一使用上,这对孩子的观察力、想象力、创造力这些现代人不可或缺的优秀品质的培养是一个巨大的失误。

据专家预测未来城市的理想状态是,城在林中,而不是林在城中;孩子上学的学校也一样,是校在林中,而不是林在校中。随着生态大环境的改变，人们居住的大千世界,就像默默的春雨,绵绵无声,不绝如喽,滋润心田,化育万物,以潜移默化的形式,对人们的精神世界产生持久的影响。

"孩子需要和大自然接触,就像需要睡眠和饮食一样",满足孩子的这种要求,这是家长神圣的职责。

为孩子们早早植根"绿色文化"点赞

暑假期间,邻居一些小朋友,正在开展以弘扬"绿色文化"为主题的少儿社团活动,广泛收集采摘弘扬"绿色文化"的名言、警句和民间俗语,大力开展抄抄写写、读读讲讲、编编画画的绿色文化传播活动,旨在提高自己爱绿、护绿、植绿的真实本领,为早早植根"绿色文化",促进生态文明建设,加快实现大千世界的绿色梦想传递"正能量"。多有远见,多有意义呵!

他们已收集的材料中,有许多经典值得一读,诸如:

· 美丽中国梦,绿色中华情。

· 绿化、环保一起来,好山好水好将来。

· 既要金山银山,更要绿水青山;绿水青山,就是金山、银山。

· 地球少一棵大树,人类多一分危机。

· 春天从绿色开始,文明从护绿起步。

· 一花一草皆生命,一枝一叶总关情。

· 花在枝头供君赏,莫要摘花空赏枝。

· 草儿绿,花儿香,环境优美人健康。

· 我给小草一份爱,小草还我一片绿。

· 手下留情花更艳,脚下留情草如茵。

· 呵护自然绿色,共享碧水蓝天。

- 赏花爱花花更美,观景惜景景更幽。

- 花草对您微微笑,请您走路绕绕道。

- 你我他,老中青,爱绿、护绿、植绿见真情。

- 环境污染源于心灵污染,环境污染的背后是道德和良心的丧失。

- 大地回春,绿一方水土;天人合一,富万户人家。

- 山河以绿色做伴,文明与绿色同行。

- 家居绿水青山畔,人在春风化雨中。

- 江山如此多娇,风景这边独好。

有位语文教师说,为弘扬"绿色文化"传递正能量,这是一种很有特殊意义的校外公益活动与文学活动,能增强孩子们的生态文明意识、绿色环保意识,对提高他们的观察能力、分析能力和写作能力都有帮助。若把很多孩子收到的名言、警句与民间俗语乃至民间典故汇集起来,编成一本书,成为一本弘扬"绿色文化"的"小百科",算是一个创举,可谓一举数得,值得大大提倡。

保护生态环境
从"我"做起，从"小事"做起

生态环境，是人类赖以生存和发展的基础。为了让地球有一个美好的明天，我们要像保护自己的眼睛一样，保护好生态环境。

一、随手关灯、关开关、拔插头。节约一度电、一滴水，这是保护地球的基本准则。

二、每张纸若双面打印、书写，相当于保留一半原本将被砍掉的森林。

三、绿化不仅是去郊外种树，在家养花、种草一样可以美化环境。

四、一只塑料袋 5 毛钱，但它造成的环境污染可能是 5 毛钱的 50 倍。

五、没有必要一进门就把全部照明打开，人类发明电灯至今不过 130 年，之前几千年也过了。

六、可以这么认为，气候变暖，一部分是出于过度使用空调，使用暖气的"报复"。

七、如果热水用得多,不妨让热水器始终通电保温,因为保温一天所用的电,比一箱凉水烧到相同温度要少。

八、洗干净同样一辆车,用桶盛水擦洗一般只是用水龙头冲洗的1/8左右。

九、冰箱内存放食物的量以占容积的80%为宜,放得过多过少,都耗电。

十、定期清洗空调,清除污染物,不仅有利健康,还可以省电。

十一、屋前屋后多种树,树木为你排放的有害气体——二氧化碳,排多少,吸多少。

十二、开短会是一种节约——时间、照明、空调、音响、饮用水等等。

十三、衣服多选棉质、亚麻和丝绸,不仅环保、时尚、优雅,而且舒适、耐穿、保健。

保护地球,保护生态环境,还有许许多多的生活细节,家长除了以身作则外,还要多多鼓励孩子细心体验,自我发现、自我选择。有位教育家说:把平凡的事情做得有滋有味,有声有色,如诗如画,如歌如舞,这是真本事、真创新、真发展……

冯玉祥将军
情系"大自然"的感人故事

民国时期的爱国将领冯玉祥，一生非常爱惜树木，常率领官兵广植树木，被人誉为"植树将军"，生平留下了许多情系大自然的感人故事：

冯将军一次驻兵徐州时，当地有的人和官绅要建房屋，把许多百年老树砍掉。尽管冯将军贴出了禁止砍树的告示，但仍然屡禁不止。一天，当地县长修造自家府第，叫县政府一个建设科长负责施工，要砍县府门前街边一株古松树。当建筑工人正要砍伐时，恰巧有几个路人经过，其中一位衣着朴素的彪形大汉上前大喝一声："住手！"县政府建设科科长斜了他一眼，撇着嘴说："这树是县长要我们砍的，你是什么人？有什么资格阻止？"

这个彪形大汉不卑不亢地说："我是什么人不要紧。这是一棵上百年的大树，保护到现在好不容易，就这样砍掉，是对子孙后代犯罪啊！我提个意见，请你拿去再请示一下县长，好吗？"说完，当即从跟随他的侍卫皮包里拿出笔来，写了一张字条，递给那个建设科长。建设科长见他带着随从，想必是个有来头的人，便将字条送给县长，只见上面写了一首诗："要知此树栋梁材，无复清荫覆绿台，只恐月明秋夜冷，误它千岁鹤归来！"

县长看着字条，沉吟了一会说："这可能是哪个穷酸秀才在自作多情吧！不要理他。明天我亲自到现场去，看谁还敢阻拦？"

翌日，县长来到施工现场，看见那株大树干上贴了一张字条。上写着一首打油诗："老冯驻徐州，大树绿油油。谁砍我的树，我砍谁的头。"他一看，吓得出了一身冷汗。

县长知道自己错了，只好硬着头皮亲自到冯将军的驻地去请罪。冯责罚他带着建设科长及县府的工作人员，亲自到大街上敲锣打鼓，反复宣讲贴在树上的"老冯驻徐州"打油诗。从此，徐州再没人敢乱砍街边的树木了。

古树名木是孩子们最好的绿色"偶像"

古树名木是古老民族的绿色象征，也是孩子们最好的绿色"偶像"。把有上百年甚至上千年生长历史的苍天古木视为"树中之王"，这是尊重历史、尊重文化、尊重地方风水的"杰作"。

大树、古木，大都是名贵珍稀的野生植物，是生态文明的天然绿伞，它所承载的博大深厚的人文风彩，是任何古绩、文物替代不了的。如果失去了古木的光彩，就失去这块地方一道亮丽的风景线。伤害古木、砍伐古木、拍卖古木，任意改变古木的生存环境，并以此作生财之道，从我国传统文化道德讲，都是不文明、不道德的行为。历史的伤痛告诉我们：有茂密的森林，才有人与自然的和谐；有苍天的古木，就有地方高出一等的风水境界，使人们在精神生活上得到一种崇高的享受。

一棵古木，就是一部站立着的历史。有人说，在这世界上，什么东西才有资格称"古"呢？活人不能称古，山中的野兽不能，海里的禽鱼不能，地上的花草不能，只有"树"能，动辄几百年，几千年，称之为古树。它用自己的年轮一圈圈把历史记录下来，与岁月俱长，与山川同在，却又郁郁葱葱，常绿不衰，充满活力。

现今保存下来的古树名木，都承载着许许多多鲜为人知的历史故事，有的名为"将军木""元帅树""烈士树""长寿松""鸳鸯柏"，有的在民间传为"仙树""神树""圣树"等等。

清华大学二校门内路口的两株参天古柏，树龄都在300年以上，被人称为"校园卫士"，承载着清华"自强不息、厚德载物"的人文精神。

南岳衡山，现存百年以上古树约1.2万株，其中名气最大的当属福严寺建庙时的古银杏。如今古银杏胸径有1.54米，树高15米，树龄约1500年，成为历代僧人精心养护的"佛门圣树"，成为南岳佛教文化发展史的重要标志。

历史告诉我们：现今保存下来的古树名木，都是民族崛起、道德崛起、精神崛起的重要标志，是一部天然的

这是一棵有500年"高寿"的重阳木，生长在湖南湘潭县黄荆坪村的流叶河桥旁。树高22米，胸径1.2米。这里流传着彭德怀元帅在大树下同家乡父老进行过革命活动的故事，当地人称它为"元帅树"。

最美的历史"教科书"。珍惜古树名木，善待古树名木，与古树名木和谐相处的人们特别是青少年一代，最富于想象、富于思考、富于分析研究，富有远见卓识，心中时刻装着一股激情与力量：像大树一样茁壮成长，生生不息……

一年一度的"植树节"
引导孩子们想什么、做什么？

3月12日，是中国的植树节。

1915年，当时的"中华民国"政府规定每年清明节为植树节。1929年又改为每年的3月12日为植树节。因为这一天正是伟大的革命先行者、中国民主主义革命的伟大领袖孙中山先生逝世纪念日。孙中山先生一贯重视和倡导植树造林，定3月12日为植树节，表示人民对他的敬仰和怀念。

1979年2月17日至23日召开的第五届全国人民代表大会常务委员会第六次会议，根据国务院提议，决定将3月12日定为中国的"植树节"。要求在这一天开展全民植树活动。

树木与人类生存息息相关，"植树节"是激发人们爱林、造林情感，促进国土绿化，保护人类赖以生存的生态环境，通过立法确定的节日。

这些年每逢植树节，国家领导人总是带领身边的工作人员和少年儿童，带头参加植树活动。很多家长也引导孩子们积极参加多种多样的植树节活动。例如：

——同爸爸妈妈或兄弟姊妹共同手植一颗纪念树，培育一片纪念林，设计造就一个小园区。

——整理好家庭绿色盆景、绿色窗台、绿色屋顶。

——组织参观公园、生态园、绿色社区、绿色村庄、绿色学校。

——拜见"古树名木",给"古树名木"优化生存环境,排除污染,让它枝繁叶茂。

——以名山名水为题,作纪念诗,绘纪念画,拍纪念照,编纪念册,用多种形式,开展绿色文化的宣传教育活动。

——农村的孩子,利用自家闲置的自留地,种花种草种果,经营开辟一个小花园、小果园、小生物园。

——召开小型座谈会、茶话会,特邀一些绿化专家、学者、名人、模范,讲绿化故事,讲如何因地制宜,寸土不闲,建造绿化林园的方案。

通过以上这些方式,把植树节活动做得丰富多彩,喜闻乐见,别开生面,热闹一方,风光无限。

鼓励孩子做排除环境污染的小卫士

随着工业技术的飞速发展和农业现代化的发展，人类对自然进行大规模的开发利用，不少地方造成许多严重问题，如土地荒漠、森林滥伐、水土流失、粮食减产，物种灭绝，自然资源枯竭等等，以至带来了环境严重污染等重大社会问题。

环境污染突出的有四大公害：

一是大气污染。主要是煤、石油燃烧后排出的烟尘和各种有害气体。酸雨、雾霾也是受大气污染的结果；

二是水体污染。主要是工业废水和生活污染引起。受污染的水体，人畜不能再饮用，鱼类也要绝迹；

三是固体废弃物污染。主要是工业废渣和生活垃圾，它会污染土地、大气、水体；

四是噪音污染。主要是来自交通运输和工业生产，噪声超过一定标准。

环境污染物中有许多能使人中毒、致病、致癌的有害物质。有些污染物不但使本人直接受害，往往引起后代先天性畸形。

保护生态环境，排除环境污染，整治环境污染已引起全世界关注，有的发达国家早已当成了国计民生的大事。例如：西欧治理莱茵河，先后花了 30 年。把一条"臭水河"改成了"黄金水道"。

莱茵河——是西欧的第一大河，发源于瑞士境内的阿尔卑斯山，流经奥地利、德国、法国、卢森堡、荷兰等6个国家，最终注入北海，全长1320公里。其中流经德国的部分长度为865公里，流域面积占德国面积的40%。莱茵河是欧洲重要的工业经济带和城市带，沿流域布局了多个城市群和工业区，工业废水和生活污水曾经直接流入河中，导致河水有害化学品和重金属严重超标，鱼儿几乎绝迹，河水已到了有毒的程度，被称为"欧洲的下水道"。沿岸居民常遭洪水威胁。莱茵河作为国际合作治理河流的典范，现已达到了除害兴利的目的，河水清澈闻名于世，完全达到了饮用水标准，现在的莱茵河已成为欧洲内河航运的"黄金水道"。特别是德国重点治理莱茵河花了30年，其成功经验值得很好学习。

保护生态环境、排除污染环境的公害，人人有责，"一代作为，代代托福"，我们这一代人特别是当家长的，绝不能留下遗憾。鼓励孩子做个排除环境污染的小卫士，让孩子关注全球未来的环境意识超人一等，这是家长的远大目光和崇高境界。

说说哪些"损绿"行为最应该纠正？

一个良好的生态环境的形成可能需要上百年，上千年，上万年，而对它的破坏则可能只要几年，十几年，几十年，甚至一朝一夕。生态环境一旦遭到破坏，就很难甚至不可能得到完全恢复，致使我们自己和我们的子孙后代默默地吞食苦果。而绿色又是生态环境的"肺"，哪些损绿行为最应该纠正呢？

阳光小学充当保护生态环境小卫士的少先队员们，认为以下一些损绿行为值得特别应该纠正：

一、在绿化带中种菜，将公共绿地私改成菜地、菜园。

二、在绿化带中擅自开辟捷径，肆意践踏花草。

三、在古树名木上乱刻乱画，乱贴乱砍。

四、在花坛、绿地内倾倒垃圾或影响植物生长的有害物质。

五、将车停在绿化带中，或私改绿化带为停车场。

六、随意采摘花朵，折断树枝。

七、在树木上架设电线电缆等照明设施。

八、在花坛、绿地内堆放杂物。

九、肆意伤害古木，砍伐古木，拍卖古木，改变古木生存环境。

十、在树木上晾晒衣服、被子等。

十一、攀爬树枝，损害树木。

十二、偷盗景观花木、绿化植物。

十三、在公园内和森林中吸烟、烧烤。

十四、在绿化带中焚烧枯枝、落叶、草皮或垃圾。

十五、硬化、占用绿化带。

十六、在公共绿地和绿化带中放养牲畜、家禽。

十七、在绿化带中乱拉铁丝、绳索,在树上钉挂广告牌。

十八、擅自在绿地中取土。

十九、在绿化带中乱设置、树立广告牌。

二十、在清明节祭奠祖先坟墓时乱放鞭炮,引发山火,毁坏林木。

对损绿行为,鼓励孩子发现一个,就记录一个,并帮助当地环保部门纠正一个。爱绿、护绿、植绿的孩子,最有慈善心,最有社会责任感,最善于与大自然和谐相处,充满了青春活力!

世界"花园城市"新加坡的印象

爸爸是做花木水果生意的大忙人,在周边国家和地区常来常往,但他一回到家里,就像个留学归来的博士,总是给我们讲些国外生动感人的故事,让我们分享异国风情,扩大视野,增长见识。

爸爸这次开讲的专题是:世界"花园城市"新加坡印象。

新加坡位于太平洋和印度洋交叉点上,面积只有 617 平方公里的小岛,由于其得天独厚的地理位置和热带海洋性气候,加上新加坡政府井井有条的管理,使得新加坡荣获当今世界"花园城市""花园岛国""亚洲第一清洁城市"诸多雅号。这里本土居民和外来游客人来人往,车水马龙,但没有噪音干扰,没有空气污染,道路两旁房前屋后,芳草茵茵,就连中心市区那行人来往的天桥上也吊植着一簇簇的热带花草,鸟语花香,令人心旷神怡。

新加坡是个连接东西方的交通枢纽和商务中心,是人们理想的购物王国,随着"无烟工业"的迅速发展,一个个"超级市场""购物中心"遍布各地,精品纷呈,琳琅满目,全世界各个国家和地区的商品这里都有,任你选择。仅以食品为例,去一次新加坡足可使你一饱口福,特别是那不分四时的热带水果:菠萝、香蕉、椰子、柚子、芒果、木瓜等等,真叫人回味无穷。

新加坡文明水平很高,来往的行人车辆都高度自觉地遵守红绿灯的调节，从来没见人随便扔一块垃圾，随地吐一口痰。特别值得称道的是新加坡的"微笑服务"，这一点在全世界传为美谈。尤其是那彬彬有礼的空中小姐，掌握多种语言，殷勤周到，满面春风，乘坐新加坡的航班，确实是一次特殊享受。新加坡的机场，也是世界一流的机场，它不仅设施现代化，而且是高效率的优质服务，入境手续简便迅速，从下飞机到出关"程序结束"，一共不超过几分钟。

传说当年新加坡，准备将旅游业作为支柱产业开发时，有的人抱怨不已，说：没有埃及的金字塔，没有中国的万里长城，没有日本的富士山，也没有夏威夷的海浪……除了一年四季直射的阳光，什么名胜古迹也没有。然而，前任总统李光跃先生则认为："新加坡发展旅游业，拥有阳光就足够了！"新加坡正是利用一年四季直射的阳光，栽树、种草、种花，很快发展为世界的"花园城市"。面貌一变，成为全球游客向往的旅游胜地，旅游收入连续多年排名亚洲前列……

爸爸所见所闻，真情实感，讲起来眉飞色舞，他是带着多么教育子女的强烈社会责任感、亲情感啊！听完爸爸滔滔不绝的演讲，使我们知道外面的世界多精彩，同时也更加明白了一个道理：读"万卷书"，不如走"万里路！"

·第七章·

塑造孩子行为文明的良好形象

引导孩子把品德修养
放在文明修养的首要地位

"德育为首，人品领先"。这是我们教育孩子学会做人、做事、做学问的基本准则。伟大的物理学家爱因斯坦说过："智力上的成就，在很大程度上依赖于性格的伟大。"在党的阳光雨露下，我们的孩子热爱祖国，勤奋学习，刻苦锻炼，追求上进，总体表现是很好的、可爱的。但近年来，随着国门的开放，使未成年人的思想品德教育的难度步步加大。

开放国门，走出封闭，扩大引进，推动经济全球化，教育国际化的进程，这无疑是好事，特别是通过报刊、电视、广播、互联网等信息工具进入千家万户，为家长与孩子广开学路，扩大眼界，增长知识，转变观念，提供了许多有利条件。但是，一些西方资本主义的污泥浊水、苍蝇、蚊子也随之带进来了，使中华民族的传统美德，比如尊敬老人，孝顺父母，和睦邻里等伦理道德观念受到冲击。一些家教不严，缺乏免疫力的孩子，还误把武打、凶杀、色情、抢劫、赌博等视为时髦而仿效。有的还狂热地鼓吹"两头"：一是"拳头"（打架）；二是"枕头"（色情）。为此，近年来，青少年犯罪率逐步升高，有的地方占到同类犯罪案中的70%左右，有的偷看了黄色录像、黄色书刊，中毒不浅。

有个小学的美术教师，布置三年级学生用"未来乡村"为题，构想一副描绘乡村远景的画面，一个9岁的孩子，出人意外地画上几个"妓女院"。可见，消极、腐败的东西，像"病毒"和"瘟疫"一样，浸入到了不少家庭，玷污了不少孩子幼小的心灵。有的说，黄色的东西是一种"剧毒剂"，一颗子弹只能杀伤一个人，一本黄色书刊可以杀伤一群人。

人品教育是个抽象的概念，教育方法要有选择，切忌长篇大论，空洞说教，贵在寓教于日常生活之中。人品教育又是一种积累性教育，他的教育成果往往是从一点一滴的小事积累起来的。教育方法，必须从小事抓起。比如教孩子不要随地吐痰，看起来是件小事，但小事不能小看，弄得不好就有失人格。出门作客你随地吐痰，人家就说这是×××家里的孩子，缺少家教，有失"家格"；你到国外去了，随地吐痰，外国人就说这是××国的人吐的，就失了"国格"。

父母的言传身教，以身作则，在思想品德教育中起着最直接、最有权威、最能持久、而且效果最好的潜移默化作用。有人说得好，言教使人信服，身教使人佩服；言教是真道理，身教是硬道理。有个孩子，在学校经常打小同学，屡教不改。一查，这孩子原来是在父亲棍棒下长大的，由此他悟出了一条"歪理"，"以强凌弱，强者为王"，可以显示自己的力量。他想，大人对孩子不满意可以打；大孩子对小孩子不满意怎么不可以打呢？所以说，父母的言行，在孩子成长中，产生有深刻的影响。大人的榜样，成为引着孩子走向成功的一面旗帜。

珍惜生命资源
切实提高孩子的健康水平

　　有位权威医学家说:"健康不是一切,但没有健康就没有一切。"身体是革命的本钱,这话千真万确。好孩子,给人的第一印象是身体棒。身体好,就是体质好。什么叫体质? 就是人体的质量。我们称孩子为学生,从某种意义上说,就是学会生存,学会生活,学会生产。生存、生活、生产都离不开健康的体质。过去,外国人说我们是"东亚病夫",我们受尽了侮辱,受尽了欺凌,那段悲惨、屈辱的历史,在伟大的中国共产党领导下,一去不复返了,昔日所谓的"东亚病夫",今天终于变成"东方巨人"了。

　　家庭是人出生的地方,也是长久生活的地方。出生后,长久需要的物质生活与精神生活,都是由家庭提供的。一个人的体质如何,是先天与后天综合治理的结果。"养不教,父之过",看来,"教不养"也是"父之过"。

　　英国教育家洛克,在论述家庭教育时,写了一本书,叫《教育漫话》,开宗明义第一句话便指出:"健康之精神寓于健康之身体"。我们要能工作,要有幸福,要经得起风风雨雨,必须先有健康作保障。

　　当前,不少孩子特别是城市的不少孩子的体质状况表现出不少缺陷,叫"营养过剩","疲劳过度","身体过胖","视力过差",这四个

"过"字,令人担忧。

有年高考结束后,某市有个调查,发现考生的健康状况突出的有三个问题:

一是近视率升高,占考生总人数的74.3%,其中10%为中度近视,即矫正、配镜400度以上(超过800度为重度近视)。

二是体重超重,有接近20%的学生超过正常体重标准,其中肥胖人数(我们讲的胖娃娃)占10%。

三是身高达不到标准的也不少,占17%。

以上这种状况能不令人惊叹吗?这是高考前中小学十二年积累起来的,所谓"积劳成疾"。可见前十二年的学习方式,生活方式,营养方式,锻炼方式都有许多问题值得研究。这个问题不可小看,孩子身体不健壮,明显的有"两个障碍""一个痛苦"。"两个障碍"是:一是高考选择专业有障碍,比如军事院校、公安院校,还有少数自主招生的重点大学,在考生体质方面是有特殊要求的;二是就业选择岗位有障碍,比如有的岗位对视力、身高、体重都有特别的要求,达不到要求就进不了大门。"一个痛苦"即:"终生痛苦"。特别是女孩子,随着男女教育机会均等的实现,女性入学人数比例显著提高,这是社会主义制度的教育在消除性别差距,推动性别平等,促进妇女发展,推动人类文明进步的一个伟大成就。女性与男性不同,她不但与男性一样要参与社会生产,还要生儿育女,进行人类自身生产,如果身体不好,视力不好,其困难和痛苦是会更加严重的。

健康教育有很深的学问,如何引导孩子从小按规律生活、学习、锻炼,如何保持良好的心态和旺盛的学习精力,如何珍惜生命,保护好生命资源等等,这是我们城乡家长学校的一门必修课、公共课,一定要请医学专家、卫生专家来讲授,但这件事,万万不可掉以轻心。

如何培养孩子良好的个性

人都有个性,在诸多个性中,勇敢与胆怯,坚强与懦弱,慈善与刁钻,诚实与虚假,美好与丑恶等都形成了十分鲜明的对照。谁都愿意自己个性良好,也都希望自己的孩子个性良好。然而,孩子良好个性的培养绝非一日之功,必须从小抓起。

一、勇敢。从小对孩子随时进行勇敢教育。医生打针时,告诉孩子是为了治病,即使疼一点也该勇敢挺身而上。那种"再调皮就让大夫给你打针"的教育孩子的方式显然十分错误,它只会使孩子越来越胆小,不仅害怕打针,连穿白大褂的人一见都害怕了。孩子长到三岁便可以安排独床睡觉,夜间大小便要教会孩子自己起来,自己开灯或点灯,不要害怕黑暗。讲神话或童话故事时,不可吓唬孩子,不要胡说"有鬼"一类的谎话。要鼓励孩子敢于出头,敢于在课堂、大会、舞台等大庭广众下发言或表演。适时领孩子参加荡秋千、乘小飞机、索道车、旅游探险列车、登攀风景区险要路径等游戏项目,以锻炼胆量。鼓励孩子能勇于承认自己错误或揭发坏人坏事。

二、坚强。要教育孩子从小锻炼坚强意志,不小心摔了跟头或划破了手指不要哭,远郊旅游时要鼓励孩子忍耐饥渴与日晒,不怕劳苦不掉队。爬山时,鼓励孩子要有登攀高峰的奋斗精神,赶超比自己爬得高的同学就要一赶到底,不成功绝不罢休。

三、**善良**。从小教育和养成孩子与人为善,广交朋友的品格,要随和谦让,反对孤雁单飞。要以自己的真诚去换取别人的真挚友谊,发生了矛盾多让三分,闹了意见不记恨。告诫孩子为人处世要正直,宁让他人负自己,勿求自己负他人。

四、**诚信**。诚信就是诚实守信,即言行一致,不说假话,说话算数。诚信的含义很容易理解,但要实实在在做到就不容易。诚信是做人之根本。在人生的长河中,诚信好似航船的桨。有了诚信,人生的航船才能安全行驶,到达理想的彼岸。美国弗吉尼亚大学,学生平时的每份作业、论文或考试,在首页上部,都写有一段誓言:作为学生,我以我的荣誉发誓,我不作弊。每个学生都需要将这段文字手抄一遍,然后庄严地签名。有人认为,在孩子的日常生活中,引导他们把诚信的事,像"存款"一样,记入心中的"道德银行",积累诚信的财富,对促进品德的健康成长大有益处。

五、**美好**。从小对孩子实施美学基本教育。鼓励孩子做到语言美、心灵美、仪表美、行为美,使孩子懂得心灵美是百美的核心。广泛进行音乐、歌曲、舞蹈、绘画、摄影、美术、文学、游览、收集或喂养等一系列美育课程的教育和熏陶。利用组织孩子们集体游戏的机会,督促他们观察世界,以开发大脑,提高智商,促进提高学习成绩。适度打扮不失朴素,以利孩子身心健康,使孩子懂得:人并不是因为美丽才可爱,而是因为可爱才美丽。

怎样培养孩子孝敬父母

孝敬父母,是中华民族传统文化的精华,是家庭的传统美德。

有一位优秀家长说了培养孩子江舟孝敬父母的经验:

我们一家三口,分属两个民族:我先生和儿子江舟属藏族,我属汉族。我们夫妇俩是在 16 年前走进父母这个行列的。我们意识到:做父母,是一项伟大而又艰巨的事业,一项培养造就国家建设者的宏伟事业,需要付出大量的心血。

孝顺父母,是中国人民的传统美德,也是处理人际关系的一个基本准则。我们在经济并不宽裕的情况下,定期给远在藏区的婆母寄钱寄物。为了让儿子加深印象,我们特意让他去邮局给奶奶寄。并告诉他:这是我们对奶奶应尽的孝心,应负的责任。我们还告诉孩子,人们常说"隔辈亲",如果奶奶在我们身边,你会得到很多疼爱和保护的。这些教育,使孩子虽然难得与奶奶见上一面,但跟她的感情却很深了。

为了让孩子懂得孝敬父母,不小气,不自私,我们从孩子两三岁起就开始加以训练和培养。孩子最喜欢吃四川的红橘。有一次,一个朋友从四川带来了一篮橘子。我们要求孩子每次想吃时,都要同时拿3 个,最大的给妈妈,第二大的给爸爸,小的留给自己。经过这样多次反复训练,孩子渐渐养成了不吃独食的习惯,无论多么好吃,多么爱吃的东西，都想到先给爸爸妈妈，哪怕只剩下一个橘子了，也要分两瓣给我们。对孩子这些美好的行为，我们都及时予以表扬和肯定，并告诉他：只有出自内心的真诚情感，才是最宝贵的。

激发和培养孩子善良、重情的美德，懂得对亲情的珍惜。孩子过16岁生日那天，家里来了客人。大家高兴地向他祝贺生日快乐，赠送生日礼物后，让孩子讲两句话。他恭恭敬敬地站起来，认认真真地对大家说："今天虽然是我的生日，但我首先要感谢我的爸爸妈妈。16年来，爸爸妈妈抚养我非常不容易。"说完，孩子激动得哭起来了！

我们夫妇俩被深深地感动了——儿子终于长大了，理解了父母养育他不易。这该是他人生最大的收获之一。

今年我过生日时，孩子送的生日礼物是特意精选的一支歌——《妈妈的怀抱》。歌中唱道："您给我人间第一缕微笑，您给我人生第一首歌谣，如果问世上什么地方最美好，我说那就是妈妈的怀抱。妈妈的怀抱，胜过全世界所有华丽的辞藻，即使我走遍天涯海角，妈妈的爱一直伴随我白头到老。"唱到"天涯海角"时，孩子哭了！他是一边抹着泪水，一边抽泣着把这支充满深情的歌儿唱完的。那天在座的七八位客人，都被孩子的歌声打动了，女同胞们个个都掉泪了，有泪不轻弹的男子汉们也纷纷低下了头……可想而知，一个从小如此热爱父母、善待他人的孩子，长大后，对人生、对乡亲、对祖国将是多么富有深情呵！

什么是新《二十四孝》行动标准

"万事人为本,百善孝为先",孝顺父母,是中华民族的传统美德。传统的《二十四孝》是由历代二十四个孝子从不同角度、不同环境、不同遭遇行孝的故事汇集而成的。如"孝感动天""卖身葬父""弃官寻母""哭竹生笋""亲尝汤药"等等。随着时代的进步,人们对"孝"文化的理解也不断发生了新的变化,既要传承传统的精华,又要有创新发展。

中华全国妇联老龄工作协调办、全国老龄办、全国心系系列活动组委会共同发布了新版《二十四孝》行动标准:

一、经常带着爱人、子女回家;

二、节假日尽量与父母共度;

三、为父母举办生日宴会;

四、亲自给父母做饭;

五、每周给父母打个电话;

六、父母的零花钱不能少;

七、为父母建立"关爱卡";

八、仔细聆听父母的往事;

九、教父母学会上网;

十、经常为父母拍照；

十一、对父母的爱要说出口；

十二、打开父母的心结；

十三、支持父母的业余爱好；

十四、支持单身父母再婚；

十五、定期带父母做体检；

十六、为父母购买合适的保险；

十七、常跟父母做交心的沟通；

十八、带父母一起出席重要的活动；

十九、带父母参观你工作的地方；

二十、带父母去旅行或故地重游；

二十一、和父母一起锻炼身体；

二十二、适当参与父母的活动；

二十三、陪父母拜访他们的老朋友；

二十四、陪父母看一场老电影。

与西方亲友相交、相见要做到"八不问""两遵守"

不同的国家和地区,有不同的风俗习惯,带孩子到西方国家特别是英美国家旅游、探亲、访友、与西方人士相见相交时,要注意做到"八不问""两遵守"。

"八不问"是:

一、不问年龄

西方人有一种希望自己永远年轻的心理,她们过了 24 岁之后,就再也不会告诉他人自己的年龄了。交谈时,冒昧打听对方年龄,会引起对方不快,以为问话者缺乏教养或是在有意羞辱自己。

二、不问婚否

西方人认为婚姻纯属个人隐私,而他们又非常注重保护隐私权。向他人询问婚否是不礼貌的。

三、不问收入

西方人将此视为个人脸面,认为它与一个人的能力和地位有关。不仅收入不宜谈论,诸如住宅档次、服饰的品牌之类能体现个人收入状况的问题,也应回避。

四、不问住址

西方人认为,留给他人自己的住址,就该邀请其上门做客,而他们通常是不喜欢随便请人去家里做客的。

五、不问经历

个人经历为自己的底牌,是不会轻易让别人"摸去"的。

六、不问工作

在西方人看来,问这类问题不是闲着无聊,就是有窥探他人隐私之癖,不会对问话者抱有好感。

七、不问信仰

宗教信仰和政治见解,在西方人看来是非常严肃的事情,不能信口开河。

八、不问健康

西方人在闲聊时,一般都是"讳疾忌医",非常反感别人对自己的健康状况关注过多。

"两遵守"是:

一、遵约守时

西方人,特别是美国人把是否遵守时间看得很重。比如约会,如果你不准时,他会认为你不尊重他,是失礼的表现,或者是不负责任的举动。

美国人常用时间来安排他们的活动,准时出席各种会议和社会活动,仿佛是一个程序固定的机器人似的,一项一项的完成计划。

倘若你有幸被朋友邀请做客，你应该在规定时间或其后十分钟内到达。如果你碰巧比约定时间提前了，那就最好还是等一会儿。因为美国是个"自己动手"的国家，女主人很可能兼任厨师，她可能就这样一直忙于烹调，直到最后临开宴前五分钟才有时间换装。让客人看到她忙乱的样子，她当然会不高兴了。你若有急事不能赴约，那就应该尽可能早地打电话给男主人或女主人，解释一下为什么不能去。

二、遵守"女士优先"

"女士优先"常被用来作为对时代女性的一种礼貌。乘车时，上车应女士优先，当男士同女士一起进屋时，男士通常要先把门打开，并很礼貌地退居一旁，伸手示意让女士先进去。

农村家庭应提倡哪些民主

一、生产计划民主：对种植业、养殖业、加工业、服务业如何面向市场经济，合理安排，放开搞活，增加收入。

二、劳动分工民主：农、林、牧、副、渔；工、商、运、建、服，如何各尽所能，扬长避短，合理分工，提高生产效率。

三、子女升学民主：子女受完义务教育后，在继续深造时，使其报考的学校，选择的专业，如何适应社会需求，又符合个人意愿。

四、建房修屋民主：对基地、规模、造价、装饰、设计、施工，如何做到集思广益、造价低廉、美观适用。

五、家庭添置民主：如何根据家庭经济承受能力，适时添置家具、衣物和家用电器，做到既不断更新，又不超前消费。

六、存款储蓄民主：如何做到增加生产，节约开支，扩大储蓄，有备无患。

七、婚、丧、喜庆民主：怎样防止大操大办，大吃大喝，做到移风易俗，新事新办。

八、请客送礼民主：

如何在亲朋好友中做到有礼有节,礼尚往来,又不"打肿脸充胖子",加重经济负担。

九、从师学艺民主:如何因人因地制宜,发挥资源优势,选准专业,挑选名师,精通手艺,广开致富门路。

十、政治生活民主:参军、参干、入团、入党、评优创先,如何做到积极争取,相互鼓励。

以上十个方面,可概括为家庭"十大民主"。广泛开展家庭讨论,好处很多。一是摆脱了"家长式""一言堂"的旧家风;二是调动了全家人兴家创业的积极性;三是促进了文明乡村建设,做到家家民主,村村和睦,社会文明;四是让孩子从小懂得古人讲的"修身、齐家、治国、平天下"的大道理,并学会身体力行。

孩子乘车"七不要"

中国逐渐成为汽车大国,越来越多的家庭拥有汽车。据交通安全机构的统计显示,中国平均每年有不少儿童死伤于道路交通事故,死亡率是欧美的 2.5 倍。除了汽车自身硬件设置安全,更多乘车安全需要家长注意。

一、不要忽视孩子正确使用安全座椅

大量事实证明,机动车安装使用儿童专用座椅是保护儿童乘车安全的一项有效措施。目前大部分儿童座椅被放置在车内座椅上并使用斜挎肩(有时只使用腰带)固定。然而,不同车型的汽车有不同的座椅、安全带和固定方式,要指导到位。

二、不要轻易抱着孩子乘车

怀抱孩子时,儿童头部刚好在成人的胸部位置,车辆一旦发生猛烈碰撞,家长的胸部会自然猛烈向下压向孩子,还可能在惯性和冲击力的作用下,对儿童造成挤压伤害。

三、不要单独把孩子锁在车内

相关专家称,在车辆密闭条件下,孩子待在车内超过半小时会出现呼吸困难等不适反应,如果不及时通风,孩子就会出现危险。当然,如果把车窗玻璃留一条细缝,保证能通风,孩子的生命不会有危险。但这样做不能保证孩子不会出现不适情况,还是应当避免。

四、不要让 12 岁以下孩子坐"副驾驶"

副驾驶座位的安全带一般为成人设计,儿童乘车不宜坐在副驾驶座位上。儿童肌肉骨骼较成年人脆弱得多,一旦汽车安全气囊张开,其产生的冲击力有可能造成儿童胸部骨折、窒息或颈椎骨折等严重问题。

五、不要让孩子头部探出天窗

一些家长习惯把天窗或者车窗打开,让孩子探出头去看窗外的风景,殊不知这是很危险的举动。孩子把头探出窗外,一旦遇到车辆往来密切,往往来不及反应,意外便发生。

六、不要让车内空气污染孩子

随着中国成长为世界第一大汽车消费市场,车内空气污染也逐渐成为了威胁驾乘者健康的重大隐患。婴幼儿在成长过程中,身体各部位的机能尚未发育健全,对空气中污染物的抵抗力甚为薄弱。

七、不要让孩子在车里做游戏

车辆在行驶过程时,在车内玩耍的孩子会随车东倒西歪,如果撞到车内硬物,可能会对孩子造成伤害。此外,从汽车设计上讲,一旦发生来自后方车辆撞击,后排座可以留作吸收后方来车的撞击力。

孩子饮食有"十忌"

"病从口入,祸从口出"。要把好孩子饮食十道关:

一、**忌零食**。吃零食破坏胃、肠道消化的规律,容易引起胃病。

二、**忌偏食**。偏食造成营养搭配不良,影响体力和智力发展。

三、**忌蹲食**。蹲着吃饭,腹部受挤压,影响食物消化吸收。

四、**忌暴食**。儿童消化器官尚不健全,暴食引起消化道疾病。

五、**忌咸食**。过咸的食物,引起肾脏病和高血压。

六、**忌快食**。吃饭过快,影响消化和营养的吸收。

七、**忌甜食**。常吃甜食,容易造成龋齿,引起肥胖、糖尿病等。

八、**忌看食**。边吃饭,边看电视,造成消化不良。

九、**忌走食**。边走边吃,空气中的有害物,会一起吞下去。

十、**忌笑食**。笑食,致引起呛咳、窒息,严重时危及生命。

生活环境对孩子个性形成的影响

生活环境在人的一生中起着至关重要的奠基作用，在一次家庭教育走访中，一民间学者，抛出了一首极富哲理的《育儿歌》，回味无穷，值得一读。

孩子在鼓励中生活，他将自信、自强。
孩子在荣誉中生活，他将骄傲、自负。

孩子在羞辱中生活，他将自卑、胆怯。
孩子在争吵中生活，他将诡辩、野蛮。

孩子在偏爱中生活，他将自私、嫉妒。
孩子在平等中生活，他将公道、民主。

孩子在文明环境中生活，他将宽容、谦让。
孩子在勤奋中生活，他将自强不息。

孩子在困境中生活，他将"穷则思变"，"变则思学"。
孩子在进步气氛中生活，他将"好好学习，天天向上"。

培养孩子绝对"守时"的好习惯

守时是一种美德，一种境界，更是一种素养。

守时，对现代人来说显得特别重要。我们的时代，已进入了信息时代。人们对时间的珍惜，已经由年月日转到了时分秒。时间就是金钱，时间就是生命。鲁迅先生说："无端浪费人家的时间，就等于谋财害命。"

一个守时的人，必将得到别人的尊重，也必将赢得自己的成功。

美国第一任总统华盛顿是个最守时的人。有一次开会，他的秘书说因为手表慢了一点，所以迟到了。华盛顿对他说："那你赶快换手表，或者我立即换秘书！"

赵凯大学毕业后，到一家外资企业应聘。初试是笔试，题目全是英文的，赵凯凭着他自己良好的英语水平和专业知识，很快完成了答卷，展现了非凡的能力，人事主管印象特别好，便通知他第二天上午九点面试。面试是由公司总经理亲自主持的。总经理八点半就到了面试场，可到了九点过五分赵凯还未到，等到九点十分总经理不高兴就离开了。临走时，让人事主管通知赵凯不用来了，总经理认为："这种不守时的人，缺乏一个人的基本素质，将来什么事也干不好！"

让幽默走进家庭

南开大学社会学系曾对京、津两市 315 户家庭抽样调查发现,在家庭生活中家庭成员的情感交流缺乏幽默的现象十分普遍。

在被调查的家庭中,妻子认为丈夫情感沟通呆板,缺少幽默浪漫情调的占 61.7%;丈夫认为妻子多柔情、少幽默的占 80.4%;而子女认为父母毫无幽默感的达 88.8%。

凭调查数据并不感到诧异,原因很简单,无论是过去,还是现在,大多数中国人已经习惯于在缺乏幽默的家庭中生活。虽然有时他们觉得好像在家庭成员之间的感情沟通上似乎缺少点什么,但很少有人认识到幽默可以改变这一现象。

家庭是人类社会的一个特殊团体,家庭成员之间的关系是人与人之间最亲密的关系和最直接的血缘关系。我国传统美德是敬老爱幼、和睦相处。多少年来,无数个家庭都恪守这样的信条,过着幸福美满的日子。但是,由于受封建社会的影响,家庭这一特殊的团体也被打上了封建等级制的烙印,这种等级制的观念长期笼罩着家庭成员之间的关系,使得家庭中缺乏活泼、和谐、融洽的气氛。

可能有人会这样认为,我国许多家庭在不讲究幽默的环境中,不是照样生活吗?对于这个问题,有一个数字可以作出回答。有关部门组成的调查组对某地 1990 年 300 对离婚夫妇进行的抽样调查表明,

80%以上认为双方缺少感情、语言沟通不畅是造成离婚的根本原因。这个数字对于我国诸多呆板无幽默的家庭说来，难道不是还在扩大吗?任何一个家庭成员都不希望家庭感情危机趋至破裂,都希望拥有一个充满爱意的家,这就要求家庭成员之间经常开展语言交流,不断沟通思想,互相关心,而且要尽量表达得更加丰富,以此增强效果。

譬如,丈夫忘做了什么事,妻子幽默地点一下和大吵大骂效果明显不同;子女做了错事,父母运用幽默的批评艺术和狠狠地打骂效果也不同。更重要的是,幽默可以帮助对方消除烦恼、忧愁和疲劳,有利于增进身心健康;幽默可以化干戈为玉帛,使各种家庭矛盾一笑而了之。在现代社会里,家庭所处的社会关系更加复杂,据国外某些心理学家分析,现代家庭的感情危机将日趋突出。如果我们尚不注意到这一点,就可能影响到人类的幸福和社会的稳定与发展。因此,让幽默走进家庭在我国已显得迫在眉睫。

幸福的家庭需要幽默,愿每一位家庭成员都能懂得这个道理。

总理、首相、大师的幽默与风趣

（一）

周恩来总理，是一位具有雄才大略又非常风趣的政治家。一次，总理接见美国记者，记者提出许多怪问题请教总理：

"总理阁下，中国人民银行有多少钱？"

"18元8角8分"，总理委婉地说："中国人民银行发行面额为10元、5元、2元、1元；5角、2角、1角；5分、2分、1分的十种主辅人民币，合计为18元8角8分……"

记者又问："你们中国人为什么把人走的路叫做'马路'呢？"

"我们走的是马克思主义之路，简称叫马路。"

记者："总理阁下，在美国，人们都仰着头走路，而在你们中国，人们为什么都低着头走路呢？"

总理微笑道："凡是走下坡路的人，当然要仰着头走；凡是走上坡路的人，当然要低着头走了。"

"请问总理阁下，南京长江大桥每天有多少人经过？"

"五个人，分别是工、农、兵、学、商，不是5个人吗。"

(二)

英国前首相丘吉尔,也是一位善于语言幽默的政治家。有一次,英国议会里一位女议员对丘吉尔说:

"如果你是我丈夫的话,我会在咖啡里放毒药。"

丘吉尔说:"如果你是我妻子的话,我会喝掉它。"

丘吉尔脱离保守党,加入自由党时,一位媚态十足的年轻妇人对他说:"丘吉尔,你有两点我不喜欢。"

"哪两点?"

"你执行的新政策和你嘴上的胡须。"

"哎呀,真的,夫人。"丘吉尔彬彬有礼地回答:"请不要在意,您没有机会接触到其中任何一点。"

(三)

世界幽默大师萧伯纳,有一次,在大街上被一个骑自行车的人撞倒了。肇事者吓得六神无主,惊慌之中,连忙向萧伯纳道歉。然而萧翁却对他说:"先生,您比我更不幸,要是你再加点劲儿,那就可作为撞死萧伯纳的好汉而永远名传史册啦!"一句话,使紧张气氛变得轻松起来了。

鼓励孩子收集与创造幽默实例

鼓励孩子从无数个幽默的实例中得到启发，并学会在日常的学习生活中留心观察、收集、整理、自编、自述幽默实例，以培养他们的思考力、创造力与语言表达力，经常保持朝气勃勃、喜笑颜开、乐观向上的精神状态，让他们轻轻松松地翱翔于理想的天空。

实例数则：

"想到大海"。一位穿着奇装异服的女郎对一位风度自如的男士说："先生，一同去公园玩玩好吗？"男士说："一见到你这模样，我就想到了大海。"女郎很高兴，说："我明白了，那碧蓝的大海，美极了，真令人神往啊！"男士立即回答："不！亲爱的女士，我晕船，一想到大海，我就恶心，我就呕吐……"

"不是近亲"。邻居张强和小明快要结婚了，旁边的同学问："他们两人是表哥表妹，据遗传学说，近亲结婚生育的孩子畸形率高，不合适！"旁边一人插嘴说："他们不近，一个住在西南，一个住在东北，相隔远着咧！"

"一点不少"。一富翁买了一桶酒，并在桶盖上贴了封条。仆人在桶底钻了个洞，每天偷酒喝，富翁发现封条完整无缺，可酒仍一天天减少。有人建议查一下桶底是否有破绽，富翁大笑，说："你真是个傻瓜，是上面的酒少了，下面的酒一点儿也不少。"

"水源充足"。两客商在日本餐馆里吃日本汤面,甲方:"日本一定水源充足。"乙方:"你是从日本是岛国来判断的吧?"甲方:"我是从这碗汤面有三分之二是水来判断的。"

"船夫救命"。有一位博士乘船过江。他问船夫:"你懂文学吗?"船夫说:"不懂!"博士又问:"那么历史学、动物学、植物学呢?"船夫仍然摇摇头。博士说:"你样样都不懂,真是个'饭桶'!"不久,天色忽变,风浪大作,船摇来晃去,吓得博士面如土色。船夫就问他:"你会游泳吗?"博士回答说:"我样样都懂,就是不懂游泳。"说着,船就翻了,博士大呼救命。船夫跳下水,一把将他抓住,游上岸,笑着对他说:"你所懂的,我都不懂,你说我是'饭桶';要不是我这个'饭桶',恐怕你早已变成'水桶'了。"

"审时度势"。老舍是个语言大师。有一次,他到一个单位演讲,开头郑重说明,我今天给大家讲六个问题。接着一、二、三、四、五,井然有序地讲下去。讲完第五个问题,他发现离吃饭的时间不多了,便"审时度势",提高嗓门,一本正经地说:"第六个问题最重要:散会!"听众听了一愣,接着哄堂大笑,热烈鼓掌。

上述诸多实例,一事一议,篇幅甚小,但妙趣横生,文通广大,充分体现了"幽默"在扩大交往,发展思维,开发智力,快乐人生等方面特有的风度、精度、力度。有的清心,有的健脑;有的扬善,有的驱恶;有的借古论今,有的观今鉴古。其特点是:语言精练,寓意深刻;言之有理,言之有趣,读后使你回味无穷,捧腹大笑,实为古今中外文坛中一绝。在充满青春活力的孩子中间,值得提倡,值得仿效,值得一学。

如何培育孩子的幽默感

现代医学研究表明,孩子在欢乐而富有幽默感时,就会使副交感神经活动增强,有助于增强胃肠功能,提高机体免疫力,还能使心胸开阔、思维积极、情绪乐观、思路敏捷。那么,怎样培养孩子的幽默感呢?

一、创造良好的生活、学习环境。家长与学校紧密配合,努力创造一个轻松愉快且充满幽默语言的家庭环境,这是培养孩子幽默感的客观基础。

二、家长树立起对待人生乐观向上的态度。一家人,和和气气,谈笑风生,给孩子以潜移默化的影响。

三、家长努力加强自身修养,丰富想象,增加知识,扩大兴趣范围。

四、多与孩子交谈,多说一些有趣可笑且意味深长的故事、笑话,在周末、假日、节日、孩子生日,欢聚一堂,闹得笑声、欢声不绝。

五、多给孩子购买一些课外书籍,幽默画册,提高孩子的阅读能力、理解能力和语言表达能力。

六、鼓励孩子自编幽默画册、笑话集、手抄报等等,使孩子感到学会幽默是公关、外交的一种特殊本领。

七、特意敦请那些有幽默天才的艺术家、民间艺人来家里作客,或带孩子登门走访,领略他们的艺术天才、艺术人生。

西方国家教育孩子 40 条

教育孩子,既是一门科学,又是一门艺术,科学、艺术是不分国界的。东方的经验,西方的经验,都是人类文明的成果。广泛交流,扬长避短;为我所选,为我所用。

美国学者戴维·刘易斯总结了西方教育孩子经验 40 条:

1. 对孩子提出的所有问题,都耐心、老实地回答。

2. 认真对待孩子提出的正经问题和看法。

3. 竖一个陈列架,让孩子在上面充分展示自己的作品。

4. 不因孩子房间或桌上乱而责骂他,只要与他的创作有关。

5. 给孩子一个房间或房间的一部分,主要供孩子玩耍。

6. 向孩子说明,他本身已经很可爱,用不着再表现自己。

7. 让孩子做自己力所能及的事情。

8. 帮孩子制定他的个人计划和完成计划的方法。

9. 带孩子到他感兴趣的地方去玩。

10. 帮助孩子修改他的作业。

11. 帮助孩子与来自不同社会文化阶层的孩子正常交往。

12. 家长养成合理的行为习惯并留心使孩子学着去做。

13. 从来不对孩子说,他比别的孩子差。

14. 允许孩子参加计划家务和外出旅行的事情。

15. 向孩子提供书籍和材料,让孩子干自己喜爱的事情。

16. 教孩子与各种成年人自由交往。

17. 定期为孩子读点东西。

18. 让孩子从小养成读书的习惯。

19. 鼓励孩子编故事,去幻想。

20. 认真对待孩子的个人要求。

21. 每天都抽出时间和孩子单独在一起。

22. 不用辱骂来惩治孩子。

23. 不能因为孩子犯错误而戏弄他。

24. 表扬孩子会背诗、讲故事和唱歌曲。

25. 让孩子独立去思考问题。

26. 详细制定实验计划,帮助孩子了解更多事情。

27. 允许孩子玩各种废弃物。

28. 鼓励孩子发现问题,随后解决这些问题。

29. 在孩子干的事情中,不断寻找值得赞许的地方。

30. 不要空洞地和不真诚地表扬孩子。

31. 诚实地评价自己对孩子的感情。

32. 不存在家长完全不能与孩子讨论的话题。

33. 让孩子有机会真正做决定。

34. 帮助孩子成为有个性的人。

35. 帮助孩子寻找值得注意的电视节目。

36. 发挥孩子积极认识自己才干的能力。

37. 不对孩子的失败表示瞧不起,并对孩子说:"我也不会干这个。"

38. 鼓励孩子尽量不依靠成年人。

39. 相信孩子的理智并信任他。

40. 让孩子独立完成他所从事的工作的基本部分,哪怕不会有积极的结果。

孩子待人接物应有的普通常识

1. 见到客人,应面带微笑,表示欢迎。

2. 进电梯,最好后入梯内。出电梯可以先出,但需为长辈作导引人。

3. 与长辈同车,让长辈坐在司机身后座位,自己最后上车,关好车门,坐车内空余的座位。

4. 与长辈同行,可让长辈走中轴线,自己侧后随之。

5. 在马路上与长辈同行,则可把较安全的一侧留给长辈。

6. 上楼梯、台阶,在湿滑处、易碰头处,均应及时给长辈提示。

7. 因公外出或旅游,记得为长辈提行李。

8. 上妆迎客是正常的,但知识女性不宜化妆过重,也不要当客人的面补妆。

9. 赴宴不要过早上席位。

10. 作为晚辈,刚走上社会,倒茶、斟酒之类,多做无碍。

11. 在正式会客或交流中,包括宴席上,尤其会议桌上,不要玩手机,发短信。不得已要用手机,也应离席并向主持人或身边人示意。

12. 咳嗽、打喷嚏、擦口鼻、弹衣上脏物之类,尽可能背过身去处理。

13. 在禁止吸烟的场所,向客人礼貌地提示换至吸烟室。

14. 与长辈交谈,说话语速适中,不宜过快。

15. 与人交谈,少用或尽量不用"然后""再就是""知道吗"等属于学生化的口语。

16. 说话可以手势助之,但幅度不宜过大,比如挥手不过头,横摆不过肩。

17. 对话中或陪客时,如因专业不对口或知识结构不具备,可以少说话,但不可缺少会意的点头和微笑。

18. 在一般交流中,最好不要插入英文单词。

19. 长辈交代事项,最好即时以纸笔记下。

20. 任何情况,酒都可以不喝,但应有替代品,且应征得主陪同意。

21. 如有跳舞场合,大方出场,但适可而止,切忌卖弄或垄断舞场。

22. 受到长辈的接待,离开后应于下飞机或下火车时向其祝报平安。

23. 对长辈的劝诫、建议或批评,事中表示乐意接受,事后如可能应以电话、短信之类方式向其表示感谢或言明自己进一步的理解。

24. 长辈来短信应回复:"知道了""好的""明白""OK"。

25. 与人去短信或去电子邮件,应留下自己的姓名。如对方连你的姓名也可能记不住则应留单位或相识之场合。

26. 收到转交或邮寄来的礼物,应及时告知对方,并真诚地表示喜欢、感谢或言明对此礼物的理解。

27. 赴宴离席时,应将座椅推入桌下。出门时,应轻放回弹之门。

28. 关车门,需一次关牢,但不宜产生重重之声响,不要使人误以为你扫兴而去。

29. 分别时,有人送你,应放下车窗玻璃告别,挥手示意。

30. 客人离去,应送至楼下或电梯口。如送到车旁,应待车开动后目送客人离开。

海尔集团有句名言,"把每一件简单的事做好就是不简单,把每一件平凡的事做好就是不平凡。"孩子的待人接物粗看起来是一件平凡的小事、细节,但"小中见大","细中见精",往往在一些小事细节上反映了孩子的文明行为与品德修养。行为放滥、出言粗痞的孩子,人称是没有"家教"或"家教"不好,在一定程度上也影响到父母的形象,家庭的形象。虽说今日强调个性发展,提倡风格各一。但举止得体,温良恭谦,文质彬彬,好学上进、满面春光的孩子,总会给人以好感,给人留下美好的印象。

·第八章·

借鉴中外名人教育孩子的成功经验

名人学习的"十法"值得借鉴

古今中外,许多名家很讲究读书方法,这里列举了十法:

一、理学家朱熹的"三到法"。读书有三到:心到、眼到、口到。

二、教育家孔子的"学思结合法"。"学而不思则罔,思而不学则殆"。

三、科学家培根的"酿蜜法"。我们不应该像蚂蚁一样单只收集,也不应该像蜘蛛一样只会在肚里抽丝,而应该像蜜蜂一样采百花酿甜蜜。

四、生物学家达尔文的"观察法"。观人于微、观事于微、观景于微,从观察速度、深度、广度三方面努力。

五、短篇小说家马克·吐温的"专注法"。只要能专注,就能取得连自己都会吃惊的成就。

六、生理学家巴甫洛夫的"循序渐进法"。要想一下全知道,就意味着什么也不知道。

七、史学家顾炎武的"新旧法"。顾炎武每年用三个月复习已学知识,其余时间学新书。

八、数学家华罗庚的"厚薄法"。书由厚变薄是阅读能力提高的标志。

九、文学家鲁迅的"精博法"。博览群书,取其所长。

十、革命家列宁的"乐趣法"。善于将学习变成欢悦的娱乐。

教育家陶行知
对儿童教育提出的"六个解放"

陶行知先生是安徽歙县人,早年留学美国,回国后致力于中国教育事业的改革,坚持开展平民教育和乡村教育。陶行知是一个伟大的人民教育家,他对儿童教育要求实行"六个解放"。

一、**解放儿童的头脑,使他们能想**。将束缚儿童创造力的"裹头巾"撕下来。

二、**解放儿童的双手,使他们能干**。双手要接受头脑的指挥,父母和其他家庭成员不能包办代替。

三、**解放儿童的眼睛,使他们能看**。父母要鼓励和帮助他们看事实,看世界。

四、**解放儿童的嘴,使他们能谈**。尤其要有"问"的自由,这样才能充分发挥他们的创造力。

五、**解放儿童的空间,不要把儿童关在"笼"中**。使他们能到大自然、大社会里去扩大认识的眼界,取得丰富的学问。

六、**解放儿童的时间,不把他们的功课表填满**。要给他们多一些空闲时间,学一点他们自己渴望要学的学问,干一点他们高兴干的事情。

杨振宁博士
对天才儿童的教育提出几点忠告

杨振宁博士在一次讲演中,对天才儿童教育提出几点忠告:

一、天才儿童学习速度已经够快了,从儿童身心发育方面看,不宜要求学得更快。

二、学习科学(包括自然科学、社会科学、人文科学)应按部就班,由浅入深。至于有些技艺才能(包括音乐、美术、戏剧、运动等)可以学得早些快些。

三、科学研究全面的技巧及成熟的思想,来不得半点虚假,因此,在幼年时期不可能有成就,必须锲而不舍,持之以恒,才能水到渠成。

四、大学的环境与设施不宜少年的学习和研究,在少年阶段,不要急于进大学学习。

五、天才儿童不能仅仅专注学习他的特长科目,还要有广泛的适应能力。

六、天才儿童要注意体质、体格锻炼,常与年龄相近孩子一起劳动。

七、天才儿童肩负沉重的压力,如不解脱,就会阻碍继续进步。

八、不要使儿童不健康地成长,在注意学习的同时,应注意他们的人格成长。

居里夫人对孩子的品德教育

居里夫人即玛丽·居里(1867-1934),是一位杰出的波兰裔法国籍女科学家。这位伟大的女性以自己的勤奋和天赋,分别获得了诺贝尔物理学奖与诺贝尔化学奖,成为历史上第一个两获诺贝尔奖的杰出人物。

居里夫人不仅自己在科学上勇攀高峰,而且她十分重视对后一代的教育,特别是道德教育与品格培养。大女儿依丽娜同她一样,获得诺贝尔化学奖,小女儿艾芙擅长音乐,写出了著名的《居里夫人传》。

居里夫人在丈夫皮埃尔去世以后,开始一人担负起抚养孩子的重担。当时她经济上拮据,还得补贴一部分给科研。有人建议她卖掉与放在实验室里分离出的那1分克镭,这在当时价值100万法郎。居里夫人则认为,不管今后的生活如何困难,绝不能卖掉科研成果。她让女儿从小养成勤俭朴素、不贪图荣华富贵的思想。居里夫人毅然将镭献给了实验室,把它用于研究工作。后来她带着两个女儿赴美国接受总统赠送给她的一克镭时,也同样告诫女儿:"镭必须属于科学,不属于个人。"

在第一次世界大战期间,居里夫人再次做出一项重大的决定:将诺贝尔奖金献给法国政府,用于战时动员。居里夫人还亲自带着 X

光机上前线服务,并带着伊丽娜随同前往帮助检查伤病员。战争结束时,法国政府向伊丽娜颁发了一枚勋章,这对年轻的姑娘来说真是极大的荣誉,居里夫人也感到极大的宽慰。孩子们成长起来了,尤其是伊丽娜在战时的经历使她变得更为成熟。

居里夫人对孩子的品德教育特别注重四个方面:

一、**培养她们节俭朴实、轻财的品德**。她对女儿的爱,表现为一种有节制的爱,一种有理智的爱,她对女儿生活上严加管束,要求她们"俭以养志",她教育女儿说:"贫困固然不方便,但过富也不一定是好事。必须依靠自己的力量,谋求生活。"

二、**培养她们不空想、重实际的作风**。她告诫两个女儿:"我们应该不虚度一生。"

三、**培养她们勇敢、坚强、乐观、克服困难的品格**。她常与子女共勉道:"我们必须有恒心,尤其要有自信心。"

四、**教育她们必须热爱祖国**。除了教她们波兰语,居里夫人还以自己致力于帮助祖国科学发展和波兰留学生的行动感染伊丽娜和艾芙。尤使她们念念不忘的是:母亲以祖国波兰来命名首次发现的新元素"钋"所表现出的赤子之情。后来,她的孩子都成为对社会有用的人才,尤其是伊丽娜夫妇,不仅继承了居里夫妇的科学事业,也继承了他们的崇高品德。1940年,他们把建造原子反应堆的专利权捐赠给了国家科学研究中心。

卡尔·威特教子的经验

1814 年，德国一位不满十四岁的孩子被授予哲学博士的学位。一个十四岁的孩子为什么会这样聪明呢?他的父亲卡尔·威特总结了八条经验:

一、不浪费幼儿智力。当幼儿牙牙学语时,就要教他正规语言,不要把小猫说成"妙呜"。

二、培养思维能力。一次吃西瓜,父亲问小威特,两个人吃每人多少,四个人吃每人多少?

三、锻炼记忆力。给孩子讲完故事,要让他自己组织语言复述一遍。

四、逐步提高观察能力。有意做一些违反常规的小事让孩子"纠正"。

五、开阔视野。经常带孩子到外边去增长见识。

六、培养各方面的兴趣。

七、激发学习热情。孩子有问必答,即使大人不会,也不要直接拒绝。

八、从小严格要求。养成孩子良好的道德风尚和生活习惯。

鲁迅教子的大智慧
——尊重孩子的志趣

　　伟大的文学家、思想家、革命家鲁迅，他不仅是中国文化革命的主将，同时，又是近代儿童教育最伟大的人物。鲁迅教子的故事，含有独特的大智慧。

　　鲁迅的工作很忙，可每天总要抽出一些时间，陪陪孩子。

　　"爸爸，我放学喽——"这天，7岁的小海婴蹦蹦跳跳地跨入家门。随即，就缠着爸爸讲《西游记》。一段故事听完后，小海婴又兴致勃勃地直奔书柜，取出了自己心爱的《少年文库》，一幅图一幅图地观赏，一句话一句话地试读，问题也就一个一个地产生了——

　　"爸爸，萝卜是怎么长大的？"

　　"爸爸，小狗熊是怎么生活的？"

"爸爸，月亮上有人吗？"

鲁迅极耐心地给孩子一一解答。

"爸爸，火车为什么能够带那么多车厢？"

这一回，他没等爸爸回答，而径直跑向书柜，取出积铁，组装了一个火车模型，并给火车头上安了一个大大的烟筒。接着，轮船、起重机这些大型机械又被小海婴一一"造出"。鲁迅的眼里含着笑，默默地看着孩子的一举一动，任凭孩子在想象的世界里驰骋。猛然间，小海婴眼睛里放出异彩来，突然有个想法："爸爸，我长大能设计好千里眼、顺风耳吗？"

"能啊，一定能——"

小海婴确实有着与父亲不同的志趣，他热爱的是被称为顺风耳的无线电科学。长大后，最终走上科研道路，成为一名无线电专家。

孩子的发展从根本上说是自我个性的发展，而志趣则是孩子个性追求与发展的外在表现。尊重孩子的志趣，其实就是尊重孩子的个性追求与发展，这是回归了教育的本质。

"铁榔头"是怎样得益于"母教"的

郎平，是最具世界影响力的女排教练。这里简述郎平的母亲，是怎样使女儿练成"铁榔头"的。

郎平于 1960 年在天津出生，当时，由于家庭经济困难，生活很苦。郎平从小身体十分虚弱，母亲就经常熬些小米粥来喂小郎平吃。

郎平七岁那年，全家搬到了北京，母亲把郎平送进了北京市朝阳区东光路小学。在这里，郎平与排球结下了不解之缘。郎平的父亲是个体育迷，一有机会，就带孩子参加体育活动。

郎平的父亲是北方人，母亲是南方人。在郎平身上，既有父亲性格里的奔放豪爽，更有母亲性格里的细腻温和与坚强毅力。

郎平小的时候，就像个男孩一样，喜欢上树爬高，喜好各种竞赛。上小学六年级时，就被北京工人体育业余体校选进了少年排球队。刚开始训练时还能承受，慢慢地训练的强度越来越大，有时练得两臂红肿，一身是伤，脚上的鞋基本上一月换一次，很多队员产生了畏难情绪,有些队员,甚至中途就退出了,郎平也产生了动摇,母亲很快地觉察到女儿的变化,便趁着女儿回家的时候,耐心地对她说:"平平,妈妈要告诉你,不管做什么事情,都需要有坚持到底的意志。尤其是这种球类训练,不仅枯燥无味,而且十分痛苦。越是这样,越要咬紧牙关,坚持到底……"在母亲的鼓励下,郎平终于成了业余体校一名优秀队员,进中学后,郎平球技突飞猛进,但每次回家,母亲从没有放弃过鼓励她的机会。

通过一次又一次的严格训练,取得了一次又一次比赛的胜利,郎平最终获得了"铁榔头"的称号,成为新中国最具世界影响力的体育界精英人物。

"母教情深似海,'郎头'铁证如山",这种可圈可点的母女深情,给人以深深的启发:

一、失败和成功有时只相差一步。站在十字路口,迫切需要有人指点。选准了的目标一定要坚持下去,努力不一定成功,但放弃一定失败。

二、成功的人总是有坚强的毅力作伴。而毅力不是先天的,是在后天的实践生活、学习、工作中锻炼出来的,家长要鼓励孩子接受各种挑战,经受各种锻炼。

三、一个优点,一个好的习惯,一个可喜的成就,都需要付出代价,付出心血。"不经一番寒彻骨,哪得梅花扑鼻香"。"铁榔头"真正用"铁"的硬性,见证了这个真理。

古人对孩子"七不责"

当众不责：在大庭广众之中，不责备孩子，给孩子以尊严。

愧悔不责：如果孩子已经为自己的过失感到惭愧后悔了，大人就不要再责备孩子了。

暮夜不责：晚上睡觉前不要责备孩子。此时责备他，孩子带着沮丧失落的情绪上床，要么夜不成寐，要么噩梦连连。

饮食不责：正吃饭的时候不要责备孩子。这个时候责备孩子，很容易导致孩子脾胃虚弱。

欢庆不责：孩子特别高兴的时候不要责备他。人高兴时，经脉处于畅通的状态，忽然被责备，经脉就会立马憋住，对孩子的身体伤害很大。

悲忧不责：孩子哭的时候不要责备他。

疾病不责：孩子生病的时候不要责备他。生病是人体最脆弱的时候，也是内心最痛苦的时候，孩子更需要父母的关爱和温暖。

古人对孩子的"七不责"，是家庭教育历史经验的科学总结。对待历史经验，本着"取其精华，去其糟粕"的原则，使之与现代文明相适应、相协调，保持民族性，体现时代性，"听听老人言，到老又周全"这个平凡的道理就用得很灵、很活、很有意义了。

一位心理学家提出
理想家庭气氛的十二条标准

一位心理学家通过长期的观察试验，认为一个理想家庭的气氛要达到十二条标准：

一、家庭成员到哪里去，什么时候回家，大致上都要让彼此知道，这是互相关心的表现。

二、一家人中，不管谁说话，其他人都注意倾听，这是对家人的礼貌和尊敬。

三、家里备有百科全书、字典等工具书，并且经常查用，这是家庭中不可缺少的文化气氛。

四、全家常在一起玩扑克之类的游戏，或一起参加文娱体育活动，通过这些活动，可以增进家庭成员之间的了解和加深亲情。

五、一个人外出买东西时，常常受大家委托，为每个人捎回各自需要的东西。

六、没有那种电视开着却没有人看的情况；也没有没完没了地坐在电视机旁的情景。就是说，没有那种只顾自己不管他人的现象。

七、父母不在孩子面前争吵，一方教育孩子，另一方不要为孩子护短、说情。

八、无论谁生病，全家都关心。

九、父母讲自己过去或现在的事情,孩子很感兴趣地聆听。

十、孩子对长辈,自愿使用适当的尊称和敬语。

十一、购买贵重物品或考虑如何度假的时候,全家一起愉快地讨论。

十二、父母为了使孩子取得更多的生活经验和体会,让孩子帮助做力所能及的事情。

看了郭沫若两张成绩单的启示

在四川乐山"郭沫若故居"内,保存着郭沫若青少年时期的两张成绩报告单,一张是读完了中学二年级的成绩单,成绩分别是:修身35分,算术100分,经学96分,几何85分,国文55分,植物78分,英语98分,生理98分,历史87分,图画35分,地理92分,体操85分。

另一张是郭老18岁读完四川官立高等中学三年级第一学期的成绩单,成绩是:试验80分,品行73分,作文90分。习字69分,英语98分,地理75分,代数92分,几何97分,植物80分,图画68分,体操60分。

从成绩单看,成绩不算优秀,第一张平均79分,有3门功课不及格,最差的只有35分;第二张习字、图画、品行等成绩也不太好。

但是,郭沫若的理科成绩这时是很不错的,算术、代数、几何、生理都在优秀之列,然而,郭沫若却没有向这方面发展,成为数学家、物理学家、工程师等。尽管语文、习字、图画课的成绩欠佳,他却成了大诗人、大文学家、书法家、艺术鉴赏家。

从郭沫若的成绩单和他后来的成就看,这给做家长的以有益的启示:①中、小学的考试成绩,并不决定一个人的前途和命运;②不要过早的施行定向培养,中、小学还是基础教育,要注意全面发展;③勿过早地决定未来发展的方向,以免抑制、损伤其另一方面智慧与才能的发挥。

一位企业家对"快乐教育"的亲身感悟

有位民营企业家,为了帮助儿子迎战高考,在儿子学校附近租了一间房搞"陪"读。平日很少关心儿子学习的父亲,突然不厌其烦地关心儿子学习成绩来了。但事与愿违,儿子的成绩并没有因此提高,反而父子关系却紧张起来了。

"醉翁之意不在酒",儿子认为父亲的"陪"读,实质上是对他行为的监督,是变相的"惩罚",反而加重了逆反心理。

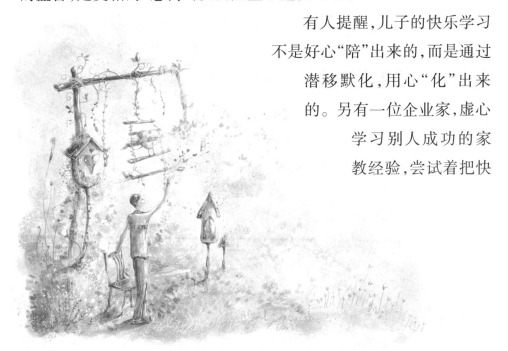

有人提醒,儿子的快乐学习不是好心"陪"出来的,而是通过潜移默化,用心"化"出来的。另有一位企业家,虚心学习别人成功的家教经验,尝试着把快

乐企业那一部分成功的管理方法，移植到快乐教育方面，一回到家里,倾心做好三件事：

一是认真研究学习如何做一名有责任的父亲,买来30多本有关家庭教育、亲子教育的书,坚持每天学习,边学边用;

二是与儿子见面时，从不提任何学习成绩的事。儿子安排学习时,早晨6点起床,他就5点起床,儿子晚上十点休息,他就十一点休息;儿子学习、做作业,他就读书写笔记,决心做世界上最快乐最有作为的父亲，每天在博客里写下亲子教育的体会与跟儿子在一起的点点滴滴,到儿子高考时,加起来近数十万字;

三是送给儿子"爱"的礼品。儿子18岁生日的时候,就将他在北京旅游前后的日记一共36篇,精心设计编印成精美的新书,书名叫《北京36记》,并认真地写下《天生我儿本优秀》的序言,将它作为特别的礼物送给了儿子。

以上,爸爸的行为,令儿子十分感动,也十分惊喜。儿子在和谐的气氛中生活,在父亲的感化下,充满了学习激情,学习成绩不断提高,终于考上了重点大学。儿子考上大学后,怀着家人的期盼,就高高兴兴,快快乐乐开始了全新的大学生活……

从美国中小学发"免费书"得到的启示

一位好心的家长,再三叮嘱去美国的朋友,给在重点中学读书的女儿带些教科书回来,让女儿浏览一下国外高中的一些教科书作借鉴,也许对她以后报考美国大学或留学有帮助。

美国实行十二年制义务教育,一到五年级为小学阶段,六到八年级是初中,九到十二年级为高中。因为是义务教育,所以学校的一切经费均由政府来提供(除私立学校外),至于每个学期的教科书,平时学校都教育学生要妥善保管好,到学期结束,规定必须归还校方,以便学校如数把收回的教科书再免费发给下一届的学生使用的。

了解了这一情况,真大为吃惊。美国是当今世界上最富有的经济大国,对孩子的教科书却如此吝惜,这又和我们东方人习俗是多么不同,我们的父母自己可以很节约,但对孩子却往往特别的大方。

陪同这位朋友去参观的玛丽小姐,是美国的教育心理学博士,她说,美国人的教育原则是富而不骄,物质充足而不浪费,该用的要用,该省的一定省,可以利用的自然得利用。拿高年级的教科书免费给新学生用,这已是美国教育历来的传统,它既可以体现高年级学生爱惜公物、关心他人的品质,同时也能使低年级学生受到感染。

富了如何过点穷日子

"富了也要过点穷日子"，这是国内外许多富豪家庭教育子女的可贵经验。

美国巨富洛克菲勒，有"石油大王"之称，家财万贯。按常人想，他们的孩子一定过着非常阔绰的生活。其实不然，洛克菲勒从来不准孩子随意花钱，只给少量的零用钱，且要求孩子用过后记账。孩子中学毕业后要自己挣钱上大学，自己找工作。据说美国、日本、加拿大等国许多大企业家，对子女并不娇惯，要孩子在星期天去卖报或干其它的活，自己去挣这一天的生活费。

香港首富李嘉诚，真可谓"富甲一方"，但他对孩子的教育是相当严格的。大儿子结婚，出人意料，整个仪式相当简朴，只有几个老朋友和亲戚。他特别突出言传身教，以身作则。虽有亿万家产，但生活并不奢侈，甚至在常人眼里看来不可思议。有一次，他在接受记者采访时，突然要看对方的手表。看罢他笑着对记者说："你的表比我的高级。"几十年来，李嘉诚一直戴着一块日本产的西铁城普通手表，价格还不到50美元。

在台湾，有些重视家庭教育的企业家，特别注意在优越的生活条件下，控制孩子的物质享受，如有的在暑假期间，中断对孩子的物质供应，让孩子自己去打工。有的要求孩子不乱花钱，花钱记账。

这些富豪家庭，既懂经营管理之道，又探索育子成才之理。他们完全有经济能力为子女营造豪华的安乐窝，但却不这样做。显然，这不是舍不得花钱，而是要培养子女勤劳俭朴的好习惯，培养孩子的自立、自主、自强的奋发精神，为的是让下一代能守业创业，不成"败家子"。

报载，英国皇家子弟学校是所名副其实的贵族学校，但在这所学校读书的学生，过的并非小贵族生活，而是睡硬板床铺，吃粗淡饮食，过艰苦生活，受严格训练。他们认为只有这样，将来才能适应各种艰难困苦的生活环境，否则，难以继承皇室家业和管理国家大事。

给孩子留下什么最珍贵

　　爱怜孩子自然是人间真情，然而怎么爱怜，这里面却大有学问。有的父母却一味给孩子钱，孩子参加一次郊游活动就花一二千元，过一次生日竟用几千元，收到的压岁钱超过上万元。还有些孩子在学校比父母的小车谁高级，家里住房谁的档次高……现实生活中那些孩子从小备受父母娇宠溺爱，长大变成罪犯的事例，给人们留下深刻的教训。

　　美国有个饮誉全球的喜剧演员，他叫戴维·布瑞纳。中学毕业时，父亲送给他礼物——一枚硬币，并对他说了一番意味深长的话："孩子，用这枚硬币买一张报纸，一字不漏地读一遍，然后翻到广告栏，自己找一个工作，到世界去闯一闯，未来属于你。"后来戴维·布瑞纳通过艰苦奋斗取得了成功，成了闻名遐迩的喜剧明星。当他回忆父亲给他一枚硬币的毕业礼物时说："我的那些朋友，当初得到的只不过是轿车或者时装，但是父亲给予我的是整个世界，这是我得到的最好的礼物。"

　　古今中外有识之士对给子孙留下什么都有卓越的见解。清末政治家、禁烟倡导者林则徐的分析精辟，他说："子孙胜如我，留钱作什么？贤而多财，则损其志；子孙不如我，留钱做什么？愚而多财，益增其过。"

你那诚实的价值
远远超过一千棵樱桃树

华盛顿是美国第一任总统，他的诚实品质历来为人们所钦佩。

在小时候的一个生日，华盛顿收到了许多生日礼品：贺卡、糖果、衣服、文具等等。其中有一件礼品最令他高兴，那是一位亲戚送给他的一把闪闪发光的斧子。

为了试试斧子的利刃，华盛顿匆匆走进家里的庭院，把一棵樱桃树砍断了。

第二天，华盛顿的父亲在花园里发现樱桃树被砍断了，怒气冲冲，因为这是他从英国特意买来的优良树种，他立即进行追查，霎时家里的气氛变得紧张起来。华盛顿走到父亲面前，抬起头，说：

"爸爸，樱桃树是我砍的，我想试试斧子的锋利！"

父亲眼见华盛顿诚实的样子，又听他这样老实的回答，心中的怒气一下"烟消云散"，立即转怒为喜，说：

"来，让我拥抱你，我最亲爱的孩子！"

说着，就把华盛顿抱了起来，并激动地说："你那诚实的价值远远超过了一千棵樱桃树。"

樱桃树的故事，为华盛顿以后走上成功之路播下了诚实正直的种子……

教育部关于加强
家庭教育工作的指导意见

各省、自治区、直辖市教育厅(教委),新疆生产建设兵团教育局:

为深入贯彻党的十八大和十八届三中、四中全会精神以及习近平总书记系列重要讲话精神,落实教育规划纲要,积极发挥家庭教育在少年儿童成长过程中的重要作用,促进学生健康成长和全面发展,现就加强家庭教育工作提出如下指导意见。

一、充分认识加强家庭教育工作的重要意义

家庭是社会的基本细胞。注重家庭、注重家教、注重家风,对于国家发展、民族进步、社会和谐具有十分重要的意义。家庭是孩子的第一个课堂,父母是孩子的第一任老师。家庭教育工作开展的如何,关系到孩子的终身发展,关系到千家万户的切身利益,关系到国家和民族的未来。近年来,经过各地不断努力探索,家庭教育工作取得了积极进展,但还存在认识不到位、教育水平不高、相关资源缺乏等问题,导致一些家庭出现了重智轻德、重知轻能、过分宠爱、过高要求等现象,影响了孩子的健康成长和全面发展。当前,我国正处在全面建成小康社会的关键阶段,提升家长素质,提高育人水平,家庭教育工作承担着重要的责任和使命。各地教育部门和中小学幼儿园要从落实中央"四个全面"战略布局的高度,不断加强家庭教育工作,进一步明确家长在家庭教育中的主体责任,充分发挥

学校在家庭教育中的重要作用,加快形成家庭教育社会支持网络,推动家庭、学校、社会密切配合,共同培养德智体美劳全面发展的社会主义建设者和接班人。

二、进一步明确家长在家庭教育中的主体责任

1. **依法履行家庭教育职责**。教育孩子是父母或者其他监护人的法定职责。广大家长要及时了解掌握孩子不同年龄段的表现和成长特点,真正做到因材施教,不断提高家庭教育的针对性;要始终坚持儿童为本,尊重孩子的合理需要和个性,创设适合孩子成长的必要条件和生活情境,努力把握家庭教育的规律性;要提升自身素质和能力,积极发挥榜样作用,与学校、社会共同形成教育合力,避免缺教少护、教而不当,切实增强家庭教育的有效性。

2. **严格遵循孩子成长规律**。学龄前儿童家长要为孩子提供健康、丰富的生活和活动环境,培养孩子健康体魄、良好生活习惯和品德行为,让他们在快乐的童年生活中获得有益于身心发展的经验。小学生家长要督促孩子坚持体育锻炼,增长自我保护知识和基本自救技能,鼓励参与劳动,养成良好生活自理习惯和学习习惯,引导孩子学会感恩父母、诚实为人、诚实做事。中学生家长要对孩子开展性别教育、媒介素养教育,培养孩子积极学业态度,与学校配合减轻孩子过重学业负担,指导孩子学会自主选择。切实消除学校减负、家长增负,不问兴趣、盲目报班,不做"虎妈""狼爸"。

3. **不断提升家庭教育水平**。广大家长要全面学习家庭教育知识,系统掌握家庭教育科学理念和方法,增强家庭教育本领,用正确思想、正确方法、正确行动教育引导孩子;不断更新家庭教育观念,坚持立德树人导向,以端正的育儿观、成才观、成人观引导孩子逐渐形成正确的世界观、人生观、价值观;不断提高自身素质,重视以身作则和言传身教,要时时处处给孩子做榜样,以自身健康的思想、良好的品行影响和帮助孩子养

成好思想、好品格、好习惯；努力拓展家庭教育空间，不断创造家庭教育机会，积极主动与学校沟通孩子情况，支持孩子参加适合的社会实践，推动家庭教育和学校教育、社会教育有机融合。

三、充分发挥学校在家庭教育中的重要作用

1. **强化学校家庭教育工作指导**。各地教育部门要切实加强对行政区域内中小学幼儿园家庭教育工作的指导，推动形成政府主导、部门协作、家长参与、学校组织、社会支持的家庭教育工作格局。中小学幼儿园要建立健全家庭教育工作机制，统筹家长委员会、家长学校、家长会、家访、家长开放日、家长接待日等各种家校沟通渠道，逐步建成以分管德育工作的校长、幼儿园园长、中小学德育主任、年级长、班主任、德育课老师为主体，专家学者和优秀家长共同参与，专兼职相结合的家庭教育骨干力量。将家庭教育工作纳入教育行政干部和中小学校长培训内容，将学校安排的家庭教育指导服务计入工作量。

2. **丰富学校指导服务内容**。各地教育部门和中小学幼儿园要坚持立德树人根本任务，将社会主义核心价值观融入家庭教育工作实践，将中华民族优秀传统家庭美德发扬光大。要举办家长培训讲座和咨询服务，开展先进教育理念和科学育人知识指导；举办经验交流会，通过优秀家长现身说法、案例教学发挥优秀家庭示范带动作用。组织社会实践活动，定期开展家长和学生共同参与的参观体验、专题调查、研学旅行、红色旅游、志愿服务和社会公益活动。以重大纪念日、民族传统节日为契机，通过丰富多彩、生动活泼的文艺、体育等活动增进亲子沟通和交流。及时了解、沟通和反馈学生思想状况和行为表现，营造良好家校关系和共同育人氛围。

3. **发挥好家长委员会作用**。各地教育部门要采取有效措施加快推进中小学幼儿园普遍建立家长委员会，推动建立年级、班级家长委员会。中小学幼儿园要将家长委员会纳入学校日常管理，制订家长委员会章程，

将家庭教育指导服务作为重要任务。家长委员会要邀请有关专家、学校校长和相关教师、优秀父母组成家庭教育讲师团,面向广大家长定期宣传党的教育方针、相关法律法规和政策,传播科学的家庭教育理念、知识和方法,组织开展形式多样的家庭教育指导服务和实践活动。

4. **共同办好家长学校**。各地教育部门和中小学幼儿园要配合妇联、关工委等相关组织,在队伍、场所、教学计划、活动开展等方面给予协助,共同办好家长学校。中小学幼儿园要把家长学校纳入学校工作的总体部署,帮助和支持家长学校组织专家团队,聘请专业人士和志愿者,设计较为具体的家庭教育纲目和课程,开发家庭教育教材和活动指导手册。中小学家长学校每学期至少组织1次家庭教育指导和1次家庭教育实践活动。幼儿园家长学校每学期至少组织1次家庭教育指导和2次亲子实践活动。

四、加快形成家庭教育社会支持网络

1. **构建家庭教育社区支持体系**。各地教育部门和中小学幼儿园要与相关部门密切配合,推动建立街道、社区(村)家庭教育指导机构,利用节假日和业余时间开展工作,每年至少组织2次家庭教育指导和2次家庭教育实践活动,将街道、社区(村)家庭教育指导服务纳入社区教育体系。有条件的中小学幼儿园可以派教师到街道、社区(村)挂职,为家长提供公益性家庭教育指导服务。

2. **统筹协调各类社会资源单位**。各地教育部门和中小学幼儿园要积极引导多元社会主体参与家庭教育指导服务,利用各类社会资源单位开展家庭教育指导和实践活动,扩大活动覆盖面,推动有条件的地方由政府购买公益岗位。依托青少年宫、乡村少年宫、儿童活动中心等公共服务阵地,为城乡不同年龄段孩子及其家庭提供家庭教育指导服务。鼓励和支持有条件的机关、社会团体、企事业单位为家长提供及时便利的公益性家庭教育指导服务。

3. **给予困境儿童更多关爱帮扶**。各地教育部门和中小学幼儿园要指导、支持、监督家庭切实履行家庭教育职责。要特别关心流动儿童、留守儿童、残疾儿童和贫困儿童,鼓励和支持各类社会组织发挥自身优势,以城乡儿童活动场所为载体,广泛开展适合困境儿童特点和需求的家庭教育指导服务和关爱帮扶。倡导企业履行社会责任,支持志愿者开展志愿服务,引导社会各界共同参与,逐步培育形成家庭教育社会支持体系。

五、完善家庭教育工作保障措施

1. **加强组织领导**。各地教育部门要在当地党委、政府的统一领导下,把家庭教育工作列入重要议事日程,建立家庭教育工作协调领导机制,制订实施办法。积极争取政府统筹安排相关经费,中小学幼儿园要为家庭教育工作提供必要的经费保障。把家庭教育工作作为中小学幼儿园综合督导评估的重要内容,开展督导工作。中小学幼儿园要结合实际制定推进家庭教育工作的具体方案,做到责任到人,措施到生。

2. **加强科学研究**。各地教育部门要坚持问题导向,通过设立一批家庭教育研究课题,形成一批高质量家庭教育研究成果。依托有相关基础的高等学校或其他机构推动成立家庭教育研究基地,发挥各级教育学会家庭教育专业委员会和家庭教育学会(研究会)等社会组织、学术团体的作用,重视家庭教育理论研究和家庭教育学科建设,探索建立具有中国特色的家庭教育理论体系。

3. **加强宣传引导**。各地教育部门要开展家庭教育工作实验区和示范校创建工作,充分培育、挖掘和提炼先进典型经验,以点带面,整体推进。教育部将遴选确定部分地区为全国家庭教育实验区,部分学校为全国家庭教育示范校。各地教育部门和中小学幼儿园要树立先进家庭典型,宣传优秀家庭教育案例,引导全社会重视和支持家庭教育工作,为家庭教育工作营造良好的社会环境和舆论氛围。

2015 年 10 月 11 日

后记

　　磨了十几个年头的《年轻父母家教学:引着孩子走一程》应读者要求,现正式出版,内心甚喜。在撰写过程中,得到了教育界、妇女界、新闻界、出版界许多领导、专家、学者以及大、中、小学教师、国家公务人员、优秀家长、离退休老人、民间知名人士的多方指教。中央教育部、国家总督学柳斌同志为鼓励本书出版,亲笔题词,对在幼儿园、中小学生家庭教育中,强化一个"引"字作了充分肯定;湖南省教育科学研究院长石灯明同志,欣然命笔作序。序言中对作品对象、内容、写作形式的选择给予了极大的鼓励与鞭策;湖南省政协《湘声报》主任记者刘卫国先生,为策划书名,提出了宝贵的建议;新华出版社及湖南读书会的张立云先生、

作者与夫人詹德忠女士近照

曾小平女士为本书出版积极献策,精心操作;对此一一深表感谢!夫人詹德忠女士,在大学、中学、机关、医院工作的儿女、儿媳以及常在身边一同工作、学习的许多老朋友、新朋友、大专院校毕业生,为我构思、选材、加工、整理、打印、校对诸多方面进行了大力支持与帮助,充分说明这部作品是群体智慧的结晶,同时,显示了科研合作的力量。

天下父母,都希望自己的儿女早日成才;天下儿女,也同样希望自己有一双贤德的父母。"一个孩子优秀,是一个家庭的幸福;千万个孩子优秀是中华民族的幸福"。全国幼儿园、中小学学生约有2亿多人,加上他们的爸爸妈妈这是个大数,瞄准这个庞大的教育群体,围绕"引着孩子走一程"这个主题,来开展现代家庭教育的研究与实践,这是关系到实现中华民族伟大复兴的中国梦的一件大事,期望有更多的有识之士,特别是当代的年轻父母,为创新发展家庭教育这项伟大的国家事业群策群力,努力成就著名经济学家于光远先生早就提出研究建立"父母学"的意愿,身体力行,著书立说,建功立业,本人则不甚欣慰之至。

薛伯钧

2017年3月于长沙